山东省社会科学规划研究项目（项目批准号：19CDNJ21）

土地整治
与区域经济协调发展：
促进机制及路径

刘海楠 ◎ 著

中国财经出版传媒集团

经济科学出版社
Economic Science Press

图书在版编目（CIP）数据

土地整治与区域经济协调发展：促进机制及路径／
刘海楠著．—北京：经济科学出版社，2019.11
ISBN 978 - 7 - 5218 - 0954 - 1

Ⅰ.①土…　Ⅱ.①刘…　Ⅲ.①土地整理 - 关系 -
区域经济发展 - 协调发展 - 研究 - 中国　Ⅳ.①F321.1
②F127

中国版本图书馆 CIP 数据核字（2019）第 204084 号

责任编辑：崔新艳
责任校对：王苗苗
责任印制：李　鹏

土地整治与区域经济协调发展：促进机制及路径
TUDI ZHENGZHI YU QUYU JINGJI XIETIAO FAZHAN:
CUJIN JIZHI JI LUJING
刘海楠　著
经济科学出版社出版、发行　新华书店经销
社址：北京市海淀区阜成路甲 28 号　邮编：100142
经管中心电话：010 - 88191335　发行部电话：010 - 88191522
网址：www. esp. com. cn
电子邮件：espcxy@ 126. com
天猫网店：经济科学出版社旗舰店
网址：http：//jjkxcbs. tmall. com
北京季蜂印刷有限公司印装
880 × 1230　32 开　6. 125 印张　170000 字
2020 年 1 月第 1 版　2020 年 1 月第 1 次印刷
ISBN 978 - 7 - 5218 - 0954 - 1　定价：42. 00 元
（图书出现印装问题，本社负责调换. 电话：010 - 88191510）
（版权所有　侵权必究　打击盗版　举报热线：010 - 88191661
QQ：2242791300　营销中心电话：010 - 88191537
电子邮箱：dbts@ esp. com. cn）

前　言

　　土地是经济发展和社会生活的物质基础。我国经济发展中出现的粮食短缺、建设用地紧张、生态环境恶化、地区及城乡差距拉大等问题，使区域经济的协调、可持续发展面临严峻的挑战。当前，以盘活土地存量、提高土地产能为目标的土地整治被提升为国家战略，成为新时期保障发展、保护资源的关键举措，为我国区域经济协调发展战略的全面落实提供了重要支撑。

　　本书以土地整治促进区域经济协调发展的内在机制和路径为主要研究目标，结合山东省土地整治实践，探索土地整治在促进区域经济增长、缩小区域差距、增强区际联系和改善生态环境等方面的作用，并通过搭建二者之间的传导路径，引导土地整治向更加科学、理性的方向转变，这对我国未来土地整治的有序开展和区域经济协调发展具有重要的理论和现实意义。

　　本书在界定区域经济协调发展四层内涵（区域经济增长、地区差距缩小、区际联系增强以及生态环境改善）的基础上，运用三要素经济增长模型、改进的存量—流量模型等，推演分析了土地整治对于每一层内涵的作用。研究所得出的结论是：第一，土地整治通过增加土地要素有效投入数量，可维持总产出持续稳定地增长；第二，土地整治与城乡建设用地增减挂钩，可缓解发达地区用地紧张、地价攀升问题，以及欠发达地区土地廉价、资金短缺等问

1

题，有利于缩小区域差距；第三，土地整治通过优化土地资源配置，有利于产业转出地的"腾笼换鸟"和转入地的"筑巢引凤"，从而推动产业转移，增强区际关系；第四，土地整治通过工程技术手段，可有效解决土地退化、景观功能衰减以及水土流失等诸多区域生态环境问题，使区域经济与环境保持协调、稳定的状态。

为了验证"土地整治对于区域经济协调发展具有单向促进作用"的理论预判，本书设置了区域经济协调度的评价指标体系，在此基础上，对土地整治规模和区域经济协调度两个时间序列进行格兰杰因果检验，进而构建二者之间的双对数回归模型，探讨二者之间的线性关系，并以山东省为例，进行了实证分析。实证研究结果显示，山东全省以及东部和中部地区所开展的土地整治活动对区域经济协调发展有带动作用，但二者之间的因果关系在西部地区表现不明显。此外，回归结果显示，土地整治规模增加1%，将促进山东全省的区域经济协调度相应提高0.17%，东部地区提高0.13%，中部地区提高6.81%。这一结果与山东省实际情况吻合，说明了该模型可信；同时，也证实了本书对于"土地整治促进区域经济协调发展"的理论预判。

基于理论分析与实证研究，本书提出了土地整治促进区域经济协调发展的实现路径，即：因地制宜，形成"差异化"的土地整治格局；构建增减挂钩指标跨区域市场交易机制，促进要素在不同区域间高效流动；通过"空间一体化"的土地整治策略，实现欠发达地区产业承接地的非均衡布局；实施土地的"生态化"整治，促进区域"经济—环境"系统的和谐稳定。

本书为山东省社会科学规划研究项目"创新生态系统视角下山东新旧动能转换综合试验区协同创新模式研究"（项目批准号：19CDNJ21）的阶段性研究成果。

目 录

第 1 章

绪　　论

1.1　研究背景与意义

1.1.1　研究背景

改革开放以来，中国的区域经济发展实现了从低水平平衡发展向区域经济非均衡发展的转换，经济实现了飞速增长。进入 21 世纪，我国确立了统筹区域经济协调发展的战略思路，从而进入了以"缩小地区发展差距"为重要目标的区域发展新时期。然而，近几年来，随着工业化、城市化步伐的加快，环境污染加剧、资源紧缺等问题凸显，如何在可持续发展的前提下继续实现经济快速增长成为区域经济协调发展研究的主要问题，其具体内容包括"区际之间的协调"和"经济与环境的协调"两方面。土地作为人类生产和生活的载体，对这两方面都有重要影响。

应该说，土地一直是我国调节宏观经济的重要杠杆之一。在经历了粗放式开发利用后，我国面临着严峻的土地稀缺问题。与土地密切相关的区域矛盾凸显，如"吃饭和建设"问题（据统计，2018 年全国粮食总产量 65789 万吨，比 2017 年减少 371 万吨，而2020 年我国粮食需求总量预计将达 70000 万吨），"农民进城务工和宅基地大量闲置"问题（2018 年，全国外出农民工总量为28836 万人，40 岁及以下农民工所占比重为52.1%），"落后地区土地荒废和发达地区用地紧缺"问题等。可见，只有进行土地的重新配置，才能真正解决当下区域经济协调发展问题。

在侧重于国土资源开发的区域发展战略已无法解决用地紧张问题的情况下，以盘活土地资源存量为核心目标的土地整治应运而生。土地整治更加注重土地质量的提升，大大促进了经济的可持续发展。作为适时补充耕地、盘活存量土地、优化用地结构、强化集约用地、提升土地产能的重要手段，土地整治是新时期统筹城乡、惠及三农、强村富民的"民生工程"，是加快要素流动、增强区际联系、缩小地区差距的"救济工程"，更是治理、保护生态环境，促进区域经济可持续发展的"环保工程"。可以说，土地整治对于我国的区域经济协调发展战略具有重要的支撑作用。

我国的土地整治概念 1997 年首次提出（当时称为"土地整理"），经过二十多年的发展，目前已经上升为国家战略。2018 年，中央一号文件全面部署实施乡村振兴战略，提出大规模推进农村土地整治和高标准农田建设。所以，必须规划、利用好土地整治项目，使其对于区域的发展发挥"四两拨千斤"的作用。然而，土地整治与区域经济协调发展之间有怎样的内在联系机制，遵循何种规律，哪种发展路径最优，这些理论层面的问题，很少有学者进行深入研究。理论研究的滞后导致土地整治的开展缺乏科学性、系统性和规范性。因此，急需进行相关的理论探讨，为尽快实现区域经济的协调发展铺平道路。

在实践方面，本书选取了山东省作为实证分析的案例。山东省的区域经济空间分布是一个"微缩版的中国"，也呈自东向西逐渐递减之势。从 20 世纪 80 年代开始，山东省就开始着手解决东部、中部、西部地区经济发展不平衡、不协调的问题，形成了适应不同时期形势和任务的工作思路和政策措施。先后实施了"东西结合，共同发展"战略；"全面开放，重点突破，梯次推进，东西结合，加快发展"战略;"一个龙头,三个突破,东西联动,城乡统筹,促强扶弱,协调发展"战略;"一体两翼"和海洋经济发展战略等区域经济协调发展战略,对于改善区域经济发展不协调的局面发挥了重要作用。2009~2019年,山东省陆续公布了《黄河三角洲高效生态经济区发展规划》《山东半岛蓝色经济区发展规划》《省会城市群经济圈发展规划》和《西部经济隆起带建设发展规划》,确立了"两区一圈一带"的区域格局,并于2018年获批山东省新旧动能转换综合试验区。这一系列规划立足于国土空间格局的优化,为山东省土地整治工作指明了方向,引导其向着更有利于发挥地方优势、更有利于缩小地区差距、更有利于产业集聚的目标推进。同时,土地整治作为保护耕地、缓解建设用地紧缺的重要手段,也为这一战略的实现提供了有力支撑,是山东省经济持续协调发展的助推器。

基于以上背景,本书以研究土地整治促进区域经济协调发展的内在机制和路径为主要目标,结合山东省土地整治实践,以提高区域经济增长、缩小地区差距、促进区际联系、改善生态环境等区域经济协调发展的内容为主线,探寻土地整治的最优实践路径,为我国土地整治与区域经济的互动发展提供理论及实践参考。

1.1.2 研究意义

1. 理论意义

第一,综合运用西方经济学、土地经济学、资源环境经济学、经济地理学等相关学科知识,从理论上揭示土地整治促进区域经济协调发展的内在机制和路径,从区域土地利用的角度扩充了区域经济政策理论。

第二,对威廉·诺德豪斯(William D. Nordhaus)的"有资源约束的新古典增长模型"进行了拓展和深入,从土地要素内生的角度探讨了土地存量的变化与区域经济增长之间的关系,丰富了内生经济增长理论中对于自然资源特别是土地资源方面的理论研究。

第三，改进了存量—流量模型的假设条件，将土地按照产出效率分成高效利用的土地和低效利用的土地，将土地市场按照地区经济发展程度分成经济发达地区的土地市场和经济欠发达地区的土地市场。这一个假设条件的改变不仅为土地整治及相关领域的研究工作提供了一个新的经济学分析思路，也使土地市场供求关系的研究更加符合现实情况。

2. 现实意义

第一，工业化、城市化在给经济发展带来机遇的同时，也引发了许多矛盾和问题，如耕地不断减少，粮食问题令人担忧；农民进城务工，家中闲置宅基地面积却有增无减；经济快速发展，环境却急剧恶化；经济落后地区建设用地粗放，经济发达地区建设用地却非常紧缺等。这些问题事关区域发展的公平性、协调性和可持续性，如果解决不好，会极大地影响区域经济发展的速度，削减地区发展动力。本书从这些实际问题入手，分析如何充分利用好土地整治这一战略举措，寻找解决问题的突破口，这对于区域经济的和谐、稳定、可持续发展具有很强的现实意义。

第二，区域经济协调度评价指标体系的构建与测算是本书的亮点和特色。与以往学者对区域经济协调度的测度方法不同，本书所构建的评价方法综合考虑了区际关系的协调以及经济与环境的协调，评估范围更广泛、内容更全面，从而为各地评估其区域经济协调程度提供了一套系统、科学的测算依据，有利于各地政府认清本地区域经济发展情况，从而采取针对性更强、效果更佳的区域经济管理措施。

第三，山东省是我国开展土地整治的重点省份，2006 年，山东省被列为城乡建设用地增减挂钩的第一批试点省份之一，2010年山东省诸城市被列为土地整治规划编制 6 个试点县（市）之一。同时，山东省的区域发展格局呈现出东部沿海经济发展水平较高、中西部地区较为落后的梯度层级,与我国目前的区域发展现状相似,所以,以山东省土地整治实践为例,探讨如何运用土地整治这一杠杆撬动区域经济协调发展的大目标,不仅为其他省市提供了借鉴,更为全国区域经济的协调发展探索了道路。这对于我国土地整治的有效实施以及区域经济协调发展均具有重要的现实意义。

1.2 研究内容及结构安排

1.2.1 主要研究内容

本书主要内容包括以下三个方面。

1. 土地整治影响区域经济协调发展的内在机理

界定土地整治的概念、类型、目标以及区域经济协调发展的概念和内涵;运用经济增长理论、区位选择理论等分析土地整治与区域经济协调发展的基本逻辑关系;构建包含土地要素在内的三要素经济增长模型,探讨土地数量以及土地节约集约利用程度对经济增长的影响,从而分析土地整治对区域经济增长的促进作用;改进存量—流量模型的假设条件,并利用改进后的模型阐述土地整治在提升土地利用效率、与土地增减挂钩政策结合后对发达地区和欠发达地区土地市场的影响,从而分析土地整治对于缩小地区差距的作用机理;阐述土地整治对产业转移、改善生态环境的作用机理。

2. 构建土地整治促进区域经济协调发展的实证模型

构建区域经济协调度的评价指标体系;在时间序列平稳性检验、协整性检验的基础上,进行土地整治规模与区域经济协调度两个时间序列的格兰杰因果关系检验,判断二者的因果关系;构建土地整治规模与区域经济协调度的双对数回归模型;运用实证方法,测算山东全省及东部、中部、西部地区的区域经济协调度,检验土地整治规模与区域经济协调度的格兰杰因果关系，构建二者的双对数回归模型。

3. 土地整治促进区域经济协调发展的实现路径

探讨土地整治促进区域经济协调发展的实现路径，包括与主体功能区规划结合，实施差别化整治；与城乡建设用地增减挂钩结合，实行跨区域的市场化配置；采用空间一体化的整治思路，使我国中西部地区或者各省欠发达地区的产业转移承接地形成点轴空间布局模式；土地生态化整治与生态补偿机制的构建。

通过以上三个方面的内容阐述，为土地整治促进区域经济协调发展的实现机制与路径理出脉络，以利于指导系统、科学地开展土地整治，推动区域经济协调发展。

1. 2. 2　本书结构安排

本书的总体框架如图 1 – 1 所示。

第 1 章是绪论。阐述本书的研究背景、意义，研究内容、结构安排以及研究思路和方法。

第 2 章是文献综述及研究的逻辑起点。通过归纳目前国内外在此问题上的研究进展，总结该领域的研究空白和欠缺之处，提出本书的研究特色及逻辑思路。

第 3 章是土地整治与区域经济协调发展的概念及逻辑关系分析。首先，通过梳理"土地整治"概念的发展演变过程，对目前土地整治活动的概念和内涵进行界定，并结合土地整治实践，划分土地整治的类型，提出土地整治的目标。其次，总结、归纳国内学者对于"区域经济协调发展"的内涵解释，提出一个更为全面、合理的定义，并从区域经济增长、区域差距缩小、区际互动增强、经济与环境协调发展四个方面对这一定义进行深入剖析。最后，根据土地系统与经济系统相互作用的若干理论，阐述土地整治影响区域经济协调发展的基本逻辑思路。

第1章	绪论	研究背景、研究意义、内容、创新点
第2章	文献综述及研究的逻辑起点	国内外研究综述
第3章	土地整治与区域经济协调发展的概念及逻辑	本书的逻辑思路 / 土地整治的概念、类型、目标 区域经济协调发展的概念、内涵 / 土地整治影响区域经济协调发展的基本逻辑 / 总体分析框架
第4章	土地整治促进区域经济协调发展的内在机理	土地整治促进区域经济增长 土地整治缩小区域差距 土地整治促进产业转移 土地整治改善生态环境
第5章	区域经济协调度的设置及实证模型构建	实证分析方法 / 区域经济协调度评价体系 格兰杰因果关系检验 双对数回归模型
第6章	土地整治促进区域经济协调发展的实证分析——以山东省为例	案例研究（以山东省为例）
第7章	土地整治促进区域经济协调发展的实现路径	土地差异化整治 指标市场化配置 空间一体化分布 土地生态化整治
第8章	总结与展望	结论、不足与延伸

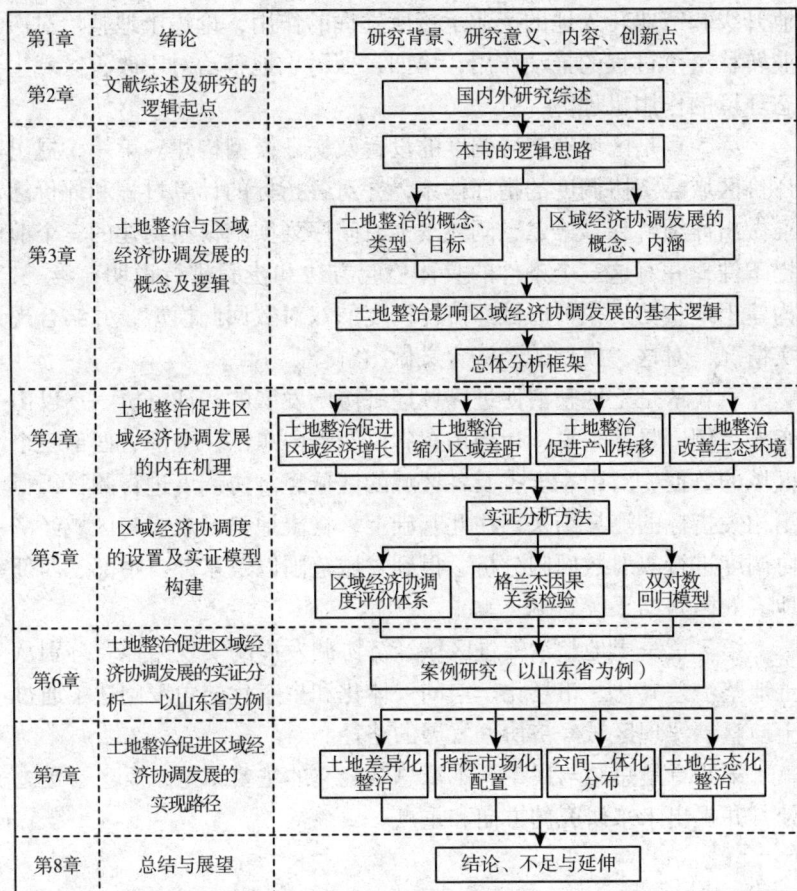

图1-1 本书总体框架

第4章是土地整治促进区域经济协调发展的内在机理。分别从四个方面解释土地整治对区域经济协调发展的促进作用。第一，运用经济增长的三要素模型，分析土地整治促进区域经济增长的机理；第二，基于改进的存量—流量模型，阐释土地整治对于发达地区和欠发达地区土地市场的作用机制，从而揭示土地整治对于缩小区域差距的作用机理；第三，通过分析土地整治对产业转出地的产业升级和产业转入地的产业承接所发挥的作用，论述土地整治对产业转移整个过程的推动作用；第四，探讨土地整治对于改善区域生态环境的作用机理。

第 5 章是区域经济协调度的设置及实证模型构建。第一，提出评价区域经济协调度的指标体系，并对各指标的计算过程和评价标准做出详细解释；第二，阐述本书时间序列回归模型构建的三个前提条件，并对这三个条件的具体检验方法和步骤进行说明；第三，构建土地整治规模与区域经济协调度的双对数回归模型，并结合现实情况，对这一模型的经济含义做出解释。

第 6 章是土地整治促进区域经济协调发展的实证分析——以山东省为例。具体来说，运用山东省以及省内东部、中部、西部三个区域的数据，对山东全省及各区域的区域经济协调度进行测算，得出相关指标的测算结果。在此基础上，将土地整治规模与区域经济协调度进行双对数回归分析，得到省域范围以及东部、中部、西部地区的回归结果。

第 7 章是土地整治促进区域经济协调发展的实现路径。分别从土地整治差异化、市场化、空间一体化和生态化的角度阐述了通过土地整治实现区域经济协调发展的路径。

第 8 章是总结与展望。本章总结全文的主要结论，反思不足之处，并提出未来研究的方向和重点。

1.3　技术路线及研究方法

1.3.1　技术路线

本书的技术路线如图 1 – 2 所示。

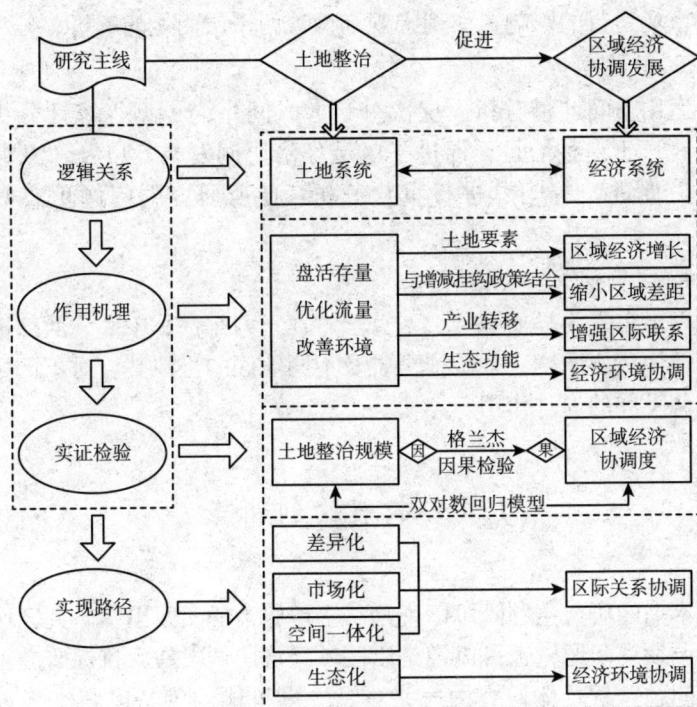

图1-2 本书的技术路线

1.3.2 研究方法

1. 文献归纳

对"区域经济协调发展""土地整治"以及与此相关的国内外文献进行全面的梳理、归纳和总结；分析不同研究成果的优势及缺陷，适当借鉴并不断修正研究方案和内容。

2. 模型分析

通过建立内生经济增长模型和土地整治参与下的土地市场存量—流量模型，探讨土地要素对于经济增长的作用以及土地整治对于土地市场运行的影响，实现宏观和微观两个层面上的解析。

3. 数量分析

运用空间计量分析、层次分析、时间序列模型等统计分析技术，对"土地整治是否促进了区域经济协调发展"以及"从多大程度上促进"等问题进行量化分析，使所研究的问题更直观地展现。

4. 案例研究

以山东省为具体案例，测算全省及省内东部、中部、西部地区的区域经济协调度，并验证全省及不同地区的土地整治对于区域经济协调发展的促进作用。

1.4 本书的创新点

本书的研究主题既可以说是从土地整治的实践出发研究区域经济协调发展问题，也可以说是以区域经济协调发展为目标研究土地整治问题。从具体研究内容来看，本书可能的创新可归纳为以下三点。

（1）在研究视角上，本书区分了土地整治与以往土地开发方式对区域经济协调发展的不同影响，从而形成了不同于已有文献的逻辑思路。本书认为，从长远来看，单纯追求增加用地规模的国土开发模式会阻碍区域经济的协调、可持续发展；而土地整治以提高土地集约利用程度、优化区域土地空间利用格局等为目标，有利于区域经济协调程度的持续提升。

（2）在威廉·诺德豪斯的"有资源约束的新古典增长模型"的基础上，将自然资源之一的土地要素内生化，构建了包括资本、劳动力和土地在内的三要素经济增长模型。在模型中，开创性地将土地集约利用程度与土地要素数量的乘积定义为有效土地数量，极大地提高了模型对于现实问题的解释力，并能够更加直观地展现土地整治对于区域经济增长的作用。

（3）对传统的土地存量—流量模型进行了改进，并基于改进的模型，阐释了土地整治对于发达地区和欠发达地区土地市场的作用机制。对传统模型的改进，主要体现在前提假设上。具体来说，以往的研究在分析土地市场的供求关系时均假设土地是同质的、无差别的，且土地市场没有地域的区分；本书在分析土地整治如何影响不同区域土地市场的过程中，放开了以往的前提假设，将土地按照产出效率分成高效利用的土地和低效利用的土地，将土地市场按照地区经济发展程度分成经济发达地区的土地市场和经济欠发达地区的土地市场，从而得到了理想的分析结论。这一假设条件的改变不仅为土地整治及相关领域的研究工作提供了一个新的经济学分析思路，也使土地市场供求关系的研究更加符合现实情况。

第2章

文献综述及研究的逻辑起点

本章将分别对"区域经济协调发展""土地整治"以及与此相关的文献进行梳理和归纳。本章主要包括五节内容，前四节内容分别对"区域经济协调发展""土地整治""土地要素对区域经济增长的作用""土地整治对城乡统筹的作用"四个方面的文献进行全面阐述，在此基础上，第五节将提出本书的逻辑路径。需要说明的是，国内文献中对于"区域经济协调发展"的概念界定和测度会在第3章和第5章中说明，所以这里仅列出国外的研究进展，且主要针对"区域经济协调发展"的两大核心问题——"区域经济增长"和"区域差距"问题展开叙述。

2.1 区域经济增长与区域差距
问题的理论研究综述

区域经济协调发展的核心问题，归根结底就是如何在区域经济增长的过程中不断缩小地区差距。国外对于区域经济差距的理论观点大多贯穿于经济增长的理论中，在探索经济增长路径的同时，围绕空间经济趋同和趋异来讨论经济差距是逐渐缩小还是逐渐扩大。从新古典增长理论到新增长理论，从均衡增长理论到非均衡增长理论，它们从不同的视角出发，寻找区域经济协调发展实现的最佳路径。以下将分别从区域经济增长和区域差距的变化趋势两个方面阐述区域经济协调发展的理论研究进展。

2.1.1 新古典增长理论下的均衡增长路径及经济趋同观

美国经济学家索洛（Solow, 1956）在论文《对经济增长理论的一个贡献》中，将新古典经济理论和凯恩斯经济理论结合在一起，建立了新古典增长模型。在假定经济空间均质、市场完全竞争、规模报酬不变、要素的边际报酬递减且要素自由流动的前提下，该模型认为人均收入和资本的边际收入都取决于每单位有效劳动的资本数量，由于资本的边际收益率不断下降，在其接近于零或者低于某一贴现值时，资本积累的速度将不会高于劳动力投入增长的速度，因而，人均产出必然收敛于一个不变的稳态值。[①] 这一结论的现实解释就是：比起发达国家（地区）来说，欠发达国家（地区）由于资本投入较少，其每单位有效劳动的资本数量也就很低，人均资本的增长更快，经济增长速度更高，因此，从长期来看，经济差距必然不断减小直到最后消失。新古典增长理论强调市场对于经济差距具有消化作用，认为只要保持良好的市场秩序，地区经济状况逐渐趋同，经济差距会在一段时间之后自动消失，政府干预完全没有必要。但是，由于新古典增长模型的假定过于理想化，在实际中并没有出现完全在市场力量下经济趋同的实例，所以，在区域差距明显的发展中国家，为了实现区域经济协调发展的目标，政府的干预是必不可少的。

---

① Solow, R. M. A Contribution to the Theory of Economic Growth [J]. Quarterly Journal of Economics, 1956 (70): 65 – 94.

2.1.2 发展经济学的均衡增长路径及整体推进模式

发展经济学的均衡增长理论主要有保罗·罗森斯坦·罗丹（Paul Rosenstein – Rodan）的"大推进理论"、哈维·莱宾斯坦（Harvey Leibenstein）的"临界最小努力命题"、纳尔逊（R. R. Nelson）的"低水平均衡陷阱理论"、斯特里顿（P. Streeten）的完善平衡增长理论和罗格纳·纳克斯（Ragnar Nurkse）的"贫困恶性循环理论"等，它们的共同特点是强调政府通过大规模投资以实现产业、部门以及区域之间的均衡。这里主要论述其中两个较有代表性的增长路径。

1. 大推进理论下的均衡增长

大推进理论的提出建立在生产行为之间具有互补性的基础之上。所谓互补性，有学者将其解释为两种行为之间的互相强化（K. Matsuyama，1995），也可以认为是社会层次上的规模经济。但是，较强的互补性可能给经济带来"低水平均衡陷阱"，而又无法达到更好的均衡状态，从而导致协作失灵。为了使经济摆脱持续低迷的状态，罗森斯坦·罗丹（1943）提出了在诸多部门中同时进行协作性投资的思路。① 之后，墨菲、施莱弗和维什尼（Murphy，Shleifer，Vishny，1989）对大推进理论做了正式的模式表述。其核心思想是：在经济发展的过程中，各个部门、各个产业之间是关联互补的，仅仅对一个部门或者产业进行小规模的投资，无法发挥整体的联动性和市场的规模效应，从而大大减慢经济增长的速度。② 因此，必须对发展过程中所涉及的所有部门和产业同时、等比率地

---

① Paul RosensteinRodan. Problems of Industrialization of Eastern and South-Eastern Europe [J]. Economic Journal, 1943 (53)：201 – 211.

② Murphy. K. , A. Shleifer and R. Vishny. Industrialization and the Big Push [J]. Journal of Political Economy, 1989 (97)：1003 – 1026.

进行投资，即采用"大推进"式的发展模式，保证各产业部门的增长速率相同，进而实现经济的均衡增长。

2. 欠发达地区的贫困恶性循环

同大推进理论相似，美国经济学家纳克斯（R. Nurkse，1953）的贫困恶性循环论也认为应当对经济体中的所有产业部门进行大规模的投资。所不同的是，纳科斯的这一论断针对的是欠发达国家和地区。他在《欠发达国家的资本形成》一书中提到，欠发达国家和地区存在着资本供给和资本需求的双重恶性循环。对于资本供给来说，由于欠发达国家和地区的劳动者收入水平低，造成其初始资本很少，企业没有办法引进先进的生产设备或者引入新技术，劳动生产率就很难提高，这进一步降低了收入增加的可能性，从而进入了一轮又一轮的恶性循环。对于资本需求来说，收入低意味着购买力也低，企业没有充足的资本积累，就无法扩大再生产，同时，投资者也没有动力投资，企业很难提高生产率，从而使收入继续维持较低水平。于是，同资本供给一样，资本需求也陷入了恶性循环当中。供给与需求的恶性循环相互影响，使欠发达国家或地区长期处于低水平的均衡当中。因此，纳克斯认为，只有对经济体中的所有产业、所有部门都进行大规模的投资，才能迅速提高劳动者收入水平，经济系统才能被激活，从而带来大量的投资需求，保证经济持续快速增长。

对于大推进理论提出的按照相同比率对经济体中的各产业、部门进行投资的观点，纳克斯并不赞同。他认为应实行差别化的投资战略，重点对那些需求价格弹性和收入弹性高的产品部门进行投资。理由是，一方面，这类部门往往拥有巨大的扩张潜力，而且投资回报率高，如果加大投资力度，必定迅猛发展；另一方面，这些部门是经济增长中的短板，阻碍了经济增长的速度，一旦支撑其发展，将促进经济快速跃入协调发展的轨道。[1]

---

① Nurkse, R. Problem of Capital Formation in Underdevelopment Countries, 1962 edition [M]. NewYork: Oxford University Press, 1953: 21 – 35.

2.1.3 区域经济非均衡增长路径及二元结构的形成

事实上，由于无法承担巨大的投资规模以及无法获取合理配置投资所需的信息，均衡经济增长的路径在贫困地区很难实现。发展中国家和欠发达国家的经济增长困境亟须新的理论和政策的引导。非均衡经济增长理论的出现弥补了前面理论的不足，认为区域经济的增长是不均衡的，市场更倾向于扩大而不是缩小区域差距。其主要代表有阿尔伯特·赫希曼（Albert Otto Hirschman）的不平衡增长理论、冈纳·缪尔达尔（Karl Gunnar Myrdal）的"循环累计因果理论"、弗朗索斯·佩鲁（Francois Perroux）的"增长极理论"、约翰·弗里德曼（John Friedmann）的"中心—外围理论"等。他们从不同的视角论述了区域经济非均衡增长的可行性。

1. "增长极"驱动下的区域经济增长

"增长极"的概念由法国经济学家弗朗索斯·佩鲁于 1950 年首次提出。佩鲁认为，一个地区的经济增长起始于一个或多个企业聚集地，这些聚集地往往位于城市的中心，就像"磁极"一样，不断将周围的优质要素吸引并聚合起来。当这种聚合力达到一定程度时，再通过不同的渠道向外扩散，从而实现经济的增长，这样的"磁极"被称作"增长极"。增长极是在一定经济空间中的"推进型单元"，它的发展速度远远快于此经济空间中的其他产业或部门，因此，对整个经济空间的增长具有推进效应。[1] 增长极理论提出后，很多区域经济学者用它来解释和预测经济的结构和布局。之后，佩鲁的学生布代维尔（J. B. Boudeville）将增长极理论引入区域经济理论中，提出了区域增长极的概念，即在城市地区对辐射范围内的经济活动起到推动作用的产业。这些产业实际上就是增长极

---

① Francois Perroux. Economic Space：Theory and Applications［J］. Quarterly Journal of Economics. 1950（2）：89 – 104.

的核心。因此，一个地区在制定区域发展战略时，应首先确定一个或多个具有一定规模且有发展前景的产业，进而定位区域发展的增长极来引领整个地区经济的持续增长。

2. 区域"累积性因果循环"过程

佩鲁的增长极理论仅解释了先发展起来的地区如何带动整个经济空间的经济增长，但事物都有两面性，这种不平衡的发展有哪些负面影响并没有得到合理的解释。缪尔达尔（1957）运用循环累积因果论解释了发达地区和欠发达地区经济差距不断拉大的原因，提出了地理上的二元经济结构。他认为，事物的发展是一个循环累积、不断演进的过程，首先产生起始变化，然后发生第二级的强化运动，最后出现上升或下降的结果。一个地区经济增长的过程也遵循着这个规律：在初始阶段，某些地方由于受到外部环境的影响，其经济增长的速度快于其他地区，经济增长开始出现了不平衡；接下来，这种不平衡的趋势会逐渐强化，使发达地区的经济增长速度更快，而欠发达地区更落后，进而扩大了地区之间的差距；经过不停地循环、累积后，最终形成了区域二元结构。① 由此可见，为了避免出现严重的区域增长不平衡问题，应在二元结构形成的早期，加大对欠发达地区的支持力度，尽量抑制地区差距扩大的趋势。

赫希曼（1958）继缪尔达尔之后也提出了类似的观点。他在《经济发展战略》一书中明确指出，地区之间不可能同步增长，有些偶然的、突发的外部冲击必然会带来某些地方先发展，这些地方也就成为区域经济增长的起点，进而逐渐成为该区域的发达地区。零星分布的发达地区通过极化效应和涓滴效应使区域经济增长格局不断发生变化。极化效应使发达地区不断吸纳周围落后地区的资金、技术和人才，从而加剧了落后地区的贫困，扩大了区域差距；而涓滴效应使发达地区通过一系列行为，如从落后地区购入投入

---

① Myrdal G. Economic Theory and UnderDeveloped Regions [M]. London：Methuen &Co Ltd，1957：44 - 50.

品、向落后地区投资、提供技术知识传播等促进了落后地区的发展，缩小了区域差距。[①] 区域经济协调发展的前提条件是涓滴效应大于极化效应，这就要求发达地区将有效的增长激励传播给落后地区；而当现实中的涓滴效应小于极化效应的时候，政府必须进行干预，阻止地区差距的进一步扩大。

3. "中心—外围"的二元区域模式

在缪尔达尔和赫希曼等学者的理论基础上，弗里德曼于 20 世纪 60 年代提出了"中心－外围"理论，之后，又在《极化发展的基本理论》中进一步对其予以完善。他指出，任何空间系统都存在着中心和边缘两个部分，中心部分通常都具有竞争优势和较高的增长趋势，而边缘部分的发展往往受控和依赖于中心的区域。这里所说的空间系统的范围并没有明确的规定，而是取决于其内部的联系方式，只要有经济自主发展和经济被动发展的不同子空间，那么二者就可构成一个完整的二元空间结构。[②] 因此，空间系统可以包含全球、洲、国家、省域等许多层面。中心—外围理论认为区域经济协调发展需要市场和政府的双重作用，一方面，通过市场优化资源配置；另一方面，通过政府干预促进区际联系，改善交通运输条件，加快空间经济的一体化发展。

2.1.4 新增长理论下的区域经济发散论

前述的新古典增长理论由于严格的假定而无法解释经济增长和经济差距的现实情形。20 世纪 80 年代，新增长理论的诞生弥补了这一理论缺陷。在假定规模报酬递增、市场不完全竞争和技术进步

---

① Albert Otto Hirschman. The Strategy of Economic ［M］. Yale University Press，1958：12 – 28.

② Friedmann，J. A General Theory of Polarized Development. Growth Centers in Regional Economic Development. In：N. M. Hansen，Growth Centers Regional Economic Development. ［M］. New York：Free Press，1972：82 – 107.

内生的前提下，新增长理论对经济增长的源泉进行了重新分析。同时，以罗默和卢卡斯为代表的新增长理论也被认为是一种新的区域经济发散论。罗默（Romer，P. M.，1986）认为，内生的技术进步是经济增长的唯一源泉。由于发达国家（地区）拥有更多先进技术和丰富的知识积累，因而其经济发展速度比落后国家（地区）更快。[①] 卢卡斯（Lucas，R. E.，1988）则认为区域差距来源于人力资本的倒流。由于发达国家（地区）的资本边际效率和工资都较高，使资本和劳动力都流向了发达国家（地区），从而拉大了区域差距。[②] 罗伯特·巴罗（Robert. J. Barro）等通过比较不同国家的经济增长率印证了这一论断。可见，与新古典增长理论不同，新增长理论认为区域经济差距不是趋同和收敛，而是趋异和发散。根据新增长理论中技术进步对经济增长的决定作用，政府可通过增加创新开发投入、保护知识产权等措施来促进经济增长。

2.1.5 时间维度下区域经济增长与区域差距的关系

威廉姆森（Williamson，J. G.）在 1965 年发表的论文《区域差异与国家发展过程》中根据 24 个国家的时间序列数据，运用变差系数计算了 7 个国家人均收入水平的区域差距程度，得出了经济发展水平与区域差距程度之间呈现倒"U"型关系的长期一般规律。如图 2-1 所示，横轴为人均收入，代表了经济发展水平和阶段；纵轴为人均收入变差系数，代表了区域差异程度。[③] 这条曲线

---

① Romer, P. M. Increasing Returns and Long-run Growth [J]. Quarterly Journal of Political Economy, 1986 (5): 1002 - 1037.

② Lucas, R. E., Jr. On the Mechanics of Economic Development [J]. Journal of Monetary Economics, 1988 (1): 3 - 42.

③ Williamson, J. G., Regional Inequality and the Process of National Development: A Description of the Patterns [J]. Economic Development and Cultural Change, 1965 (13): 3 - 45.

表示：在经济起步阶段，区域差距较小；在经济不断增长的过程
中，伴随而来的是区域差异的扩大，在中等收入阶段时的差异达到
最大；当经济步入成熟阶段以后，经济增长会带来区域差距的逐渐
缩小。

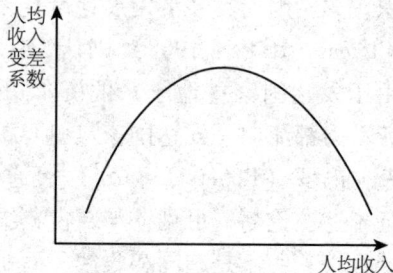

图 2-1　威廉姆森的倒 "U" 型曲线

资料来源：Williamson, J. G. Regional Inequality and the Process of National Development: A Description of the Patterns [J]. Economic Development and Cultural Change, July, 1965 (1): 3-45.

2.1.6　空间集聚与区域差距

经济活动的空间集聚和经济增长是紧密联系的过程，而传统的
地理学并未触及这一领域。新经济地理学在研究经济空间集聚机制
的同时，从空间的角度入手，揭示了区域经济差距形成的原因和发
展过程，填补了这方面研究的空白。新经济地理学的主要代表是美
国经济学家克鲁格曼（Paul R. Krugman）。他认为空间集聚的动力
主要来自马歇尔（Alfred Marshall）所总结的外部性的三个要素，
即中间投入品生产的规模经济、劳动力市场共享和知识外溢。[①]　而

---

① ［英］阿尔弗雷德·马歇尔. 经济学原理 [M]. 朱志泰，译. 北京：商务印书馆，1996：48-69.

区域空间结构是在集聚和扩散的作用下形成和发展的，其中，集聚的力量来自前向和后向关联效应、劳动力市场的影响和纯粹的外部经济；扩散的力量来自不可移动的要素、土地租金、纯粹外部不经济和企业间的激烈竞争。① 针对空间集聚对区域差距的影响，克鲁格曼的结论是：资本的外部性、劳动的可移动性以及交通成本决定了区域经济活动在空间上的分布。交通成本越低，空间聚集的力量就越大；资本外部性（即市场范围）越大，劳动力的可移动性越差，扩散的力量就越大。因此，在经济差距较大的地区，政府可采取措施扩大市场范围或者在一定程度上抑制劳动力的过快流动，从而增强扩散的力量，阻止区域差距的进一步拉大。

2.2　土地整治的国内外研究综述

2.2.1　国外相关研究

现代意义上的土地整治起源于中世纪的欧洲，法国、德国等国家在欧洲属于较早进行土地整治的国家，其中，德国的土地整治在欧洲很具有代表性。由于具备了丰厚的实践经验，国外对于土地整治的研究也较为全面、成熟。以下将分别从土地整治与农业、农村发展的关系、土地整治的效益及其评价研究、土地整治与生态环境保护研究以及土地整治的差异性研究②四个方面概述国外的研究进展。

---

① Krugman, P. What's New about the New Economic Geograghy？ [J]. Oxford Review of Economic Policy, 1997 (2): 7 – 16.
② 郭飞. 国内外土地整治研究进展 [J]. 广东土地科学, 2013 (1): 15 – 21.

土地整治与区域经济协调发展：促进机制及路径

1. 土地整治与农业、农村发展的关系

主要有以下几点论断：第一，土地整治不仅仅是改变土地细碎化、建设重点基础设施、改进水资源管理系统等的手段，也是农村地区实现多目标发展的工具，包括环境保护和景观价值的提升等；[①] 第二，土地整治可以促进农村地区经济可持续发展，加强环境管理，促进城市理性扩展；[②] 第三，土地整治可以缩短农田与居住地的距离，减少在地块之间的通道时间，提高农田的耕作状况，增加粮食生产力。[③]

2. 土地整治的效益及其评价研究

一些学者认为，土地整治除了对经济和环境产生影响外，对乡村生活和农业中的人类行为也有重大影响（J. Castro Coelho, et al., 2001），所以，在评估土地整治的效益时，应综合考虑经济、社会和环境效益。[④] 还有学者认为，土地整治可以为农村和城市创造较好的环境，促进资源的可持续利用和公共基础设施的完善，尤其是有利于城市路网的建设（Niroula GS, et al., 2005；Miranda D, et al., 2006；Njoh AJ, 2006）。对于评价方法，有学者采用了指标评价法，并应用 GIS 分析了土地整治对于土地景观结构的影

① G. Van Huylenbroeck, J. Castro Coelho, P. A. Pinto. Evaluation of Land Consolidation Projects (LCPs): A Multidisciplinary Approach [J]. Journal of Rural Studies, 1996: 297 – 310.

② Crecente, R., Alvarez, C., Fra, U. Economic, social and environment impact of land consolidation in Galicia [J]. Land Use Policy, 2002 (19): 31 – 43. Gonzalez XP, Alvarez CJ, Crecente R. Evaluation of land distributions with joint regard to plot size and shape [J]. Agricultural Systems, 2004 (82): 135 – 147.

③ E. Yaslioglu, S. T. Akkaya Aslan, M. Kirmikil, K. S. Gundogdu & I. Arici. Changes in Farm Management and Agricultural Activities and Their Effect on Farmers' Satisfaction from Land Consolidation: The Case of Bursa-Karacabey, Turkey [J]. European Planning Studies, 2009 (2): 327 –340.

④ J. Castro Coelho, P. Aguiar Printo, L. Mira da Silva. A System Approach for the Estimation of the Effects of Land Consolidation Projects (LCPS): a model and its Application [J]. Agricultural Systems, 2001 (68): 179 – 195.

响，结果表明，在不同时间尺度上，土地整治与土地景观密切相关
（P. Bonfanti，et al.，1997）。

3. 土地整治与生态环境保护研究

有学者认为土地整治应逐渐向高标准、综合性的方向转变。它
不仅应该促进区域经济的发展，更应该采取措施保护环境，从而提
高其自然景观价值（Bullard. R. K.，1992）。还有学者认为农用地
整治对于改善土壤结构、减少水土流失具有重要的作用（Machito-
Mihara，1996）。

4. 土地整治的差异性研究

虽然各地在整治的技术手段、操作步骤方面大致相同，但是由
于自然资源禀赋、历史氛围、法律法规、文化、社会等因素的影
响，每个地区土地整治的目标、任务和方法又都有所不同（Borec，
A.，2000；Matthew Gorton et al，2003；Sklenicka. P.，2006）。因
此，各地应根据自身情况，因地制宜，采取差异化的土地整治
模式。

2.2.2　国内相关研究

国内土地整治的研究主要集中在土地整治的含义（姜爱林等，
1997；严金明等，1998；蒋一军，2001；王万茂，2002；鹿心社，
2002；丁松，2004；郧文聚等，2005）、土地整治的基本理论（李
建智，2003；罗明等，2003；郧宛琪等，2016）、土地整治的目标
（王瑗玲，2006；杨华钧，2008；宿胜，2010；信桂新等，2015）、
土地整治的作用（王世元，2008；李华等，2018）、土地整治的模
式（罗为群等，2005）、土地整治的融资（黄贤金等，2008）、土
地整治中的权属问题（汪文雄，2019；李敏等，2004）、土地整治
的效益评价（齐梅等，2008；曹帅等，2019）、土地整治项目管理
（高世昌，2008）、土地整治技术（安拴霞等，2018；郑秋月等，
2018）等方面。下面对其中与本书相关的内容进行重点阐述。

土地整治与区域经济协调发展：促进机制及路径

在土地整治的含义方面，对于"土地整理"，郧文聚等（2005）的定义是"在一定区域内，依据土地利用总体规划，按照用地需求，对未利用的、低效利用的、不合理利用的土地，在一定的资金支持下而采取的一系列工程技术措施。其目的是为了调整土地利用和空间组织关系，提高土地利用效率，优化区域土地利用结构，实现土地资源的合理配置，改善生产、生活和生态环境"。① 对于"土地整治"，贾文涛（2012）的定义是"对低效利用、不合理利用和未利用的土地进行治理，对生产建设破坏和自然灾害损毁的土地进行恢复利用，以提高土地利用率的活动。"②

作为一个新的土地经济与区域经济的学科"交叉点"，罗明等（2003）提出了现阶段我国土地整治的理论框架，包括土地整治的阶段理论、土地整治的市场理论、土地整治的广域理论、土地整治的区域差异理论、土地整治的效益统一理论、土地整治的人居环境理论。③ 郧宛琪等（2016）认为中国土地整治经过 3 个阶段的发展，正在经历 1 次新的调整，迈向以生态理念为导向的第 4 阶段。④

学者们对土地整治的目标有不同的见解。王瑷玲（2006）提出了土地整理目标层次体系，认为土地整理的总体目标是土地资源的可持续利用和社会经济协调发展，又将这两个总目标细化为五个子目标，分别是增加有效耕地面积、加强土地生产能力建设、提高农业现代化水平、改善区域生态环境和景观、促进区域协调发展。杨华钧（2008）认为土地开发整理的目标主要是改善土地利用条件、提高土地利用集约度，促进土地充分、合理、高效利用。宿胜

① 郧文聚，杨晓燕，石英．土地整理概念的科学界定［J］．资源与产业，2008（5）：1-2.
② 贾文涛．统一概念为土地整治保驾护航［J］．中国土地，2012（8）：46-47.
③ 罗明，龙华楼．"土地整理理论初探"［J］．地理与地理信息科学，2003（6）：60-64.
④ 郧宛琪，朱道林，汤怀志．中国土地整治战略重塑与创新［J］．农业工程学报，2016（4）：1-8.

24

（2010）将土地整理目标归结为增加有效耕地面积以及综合考虑社会、经济、生态效益。信桂新等（2015）认为在转型期，土地整治应以保障粮食安全和食品安全、推动农业现代化发展，支撑新农村建设、优化城乡发展空间，构建生态安全格局、提升生态景观服务功能为导向，形成人地协调的整治模式。[1]

　　土地整治对于区域经济发展有着多方面的作用。王万茂等（2004）在分析土地整治产生的客观必要性的基础上，提出推进土地整治是实现可持续发展的必由之路和动力机制。鲍海君（2007）根据动力学原理透析了土地整治与耕地保护的关系，即土地整治是以调整土地状态、保护耕地为主要特征的国土整治措施，它是耕地保护的驱动力，而耕地保护则是开展土地整治工作的重要目标。[2]刘军芳（2008）认为，进行土地开发整理是解决我国粮食安全问题的主要途径，土地开发整理对保障粮食安全具有重大意义。[3]陈小明等（2009）通过对项目区土地整治前后土地利用状况和农用基础设施等的对比分析，认为土地整治是新农村建设中的一项重要工作，它可以促进农村基础设施的建设，带动新农村建设的发展，是适应新时期建设高效农业、现代化农业的重要手段。[4]刘春芳等（2019）认为土地整治对区域生态系统服务具有非常重要的影响。[5]

　　对于土地整治的模式，许多学者从不同角度进行了研究。吴兰田等（1998）将我国土地整治模式划分为综合土地整治模式和专

---

[1]　信桂新，杨朝现，魏朝富，陈荣蓉. 人地协调的土地整治模式与实践 [J]. 农业工程学报，2015（19）：262 – 275.

[2]　鲍海君，土地整理与耕地保护 [J]. 中国地质大学学报（社会科学版），2007（6）：87 – 90.

[3]　刘军芳，土地开发整理与粮食安全的关系探析 [J]. 山西农业科学，2008（9）：3 – 6.

[4]　陈小明等，土地整理项目在新农村建设中的作用——以嵩县田湖镇为例 [J]，河北农业科学，2009（1）：65 – 68，71.

[5]　土地整治的生态环境效应：作用机制及应用路径 [J]. 刘春芳，薛淑艳，乌亚汗. 应用生态学报. 2019（2）：685 – 693.

项土地整治模式。刘晶妹等（1999）、韩润仙等（2000）从组织模式、投资模式、作业模式等方面提出了经济发达地区的"综合整理"模式和经济欠发达地区的"单项整理"或者说"专项整理"模式。① 刘留辉等（2008）概括了我国目前土地整治的模式体系，即组织模式上由政府立项和管理，作业模式上是由政府部门或企业运作，资金管理模式上以国家及省政府投资为主，参与主体上是政府或其组建的相关公司。② 邓华等（2019）对区域多元化整治需求设计了设施农业包装模式、高标准农田建设模式、国土综合整治模式、农村建设用地整合模式四种整治模式。③

2.3　土地要素对区域经济增长的作用

　　土地整治的直接作用对象是土地，而土地只有转变为投入要素，才能对区域经济系统产生作用。所以说，只要涉及土地整治与区域经济关系的研究，就离不开对于土地要素的探讨。在已有文献当中，与本书研究内容最接近的应该是"土地要素对区域经济增长的作用"。一方面，土地整治直接带来了土地要素的增加；另一方面，区域经济增长是区域经济协调发展的重要内容之一。基于此，本节将着重阐述国内外在"土地要素对区域经济增长的作用"这一问题上所取得的研究成果。

---

　　① 刘晶妹，张玉萍. 我国农村土地整理运作模式研究 ［J］. 中国土地科学，1999（6）：33 – 35.
　　② 刘留辉等. 浅析我国土地整理产业化的内涵和发展模式及发展方向 ［J］. 江西农业学报，2008（8）：149 – 151.
　　③ 邓华，信桂新，杨朝现. 土地整治的差别化探索——以重庆市为例 ［J］. 西南师范大学学报（自然科学版），2019（1）：40 – 47.

2.3.1　国外研究进展

国外研究土地要素对区域经济增长的作用起源于古典经济增长理论。威廉·配第（William Petty，1662）认识到劳动创造财富的能力要受到自然条件的限制，提出了"土地为财富之母，劳动为财富之父"的著名论断。[①] 布阿吉尔贝尔（Boishuillebert，1697，1750，1707）认为流通过程不创造财富，农业才是历史上各个经济部门形成的出发点和繁荣的基础，一切财富都源于土地的耕种。坎蒂隆（Cantillon）也认为"土地是所有财富得以产生的源泉或资料"。[②] 重农学派经济学家也强调土地是创造社会财富的源泉，赋予土地以社会生产中的基础地位（Quesnay，1997）。除此以外，古典经济学家以土地为代表，对自然资源的稀缺性进行了分析，相继提出了自然资源绝对稀缺论、相对稀缺论以及静态经济理论。

之后，以马歇尔为代表的新古典经济学家却普遍忽视了自然资源投入对经济增长的影响，没有把自然资源纳入生产函数中（Solow，1956；Harrod，1948；Kuznets，1997）。20 世纪 70 年代初世界性粮食危机和能源危机爆发之后，主要工业化国家普遍遭遇了经济增长的明显减速，这激发了部分经济学家对土地资源约束问题的重新关注，并催生出关注资源消耗和环境污染的"新马尔萨斯主义"（Meadows et al，1972）。但此时主流经济学家却对新马尔萨斯主义的"增长极限论"几乎完全否定，而相信技术能够找到任何可耗竭资源的替代物（Becherman，1972；Cole et al，1973；Lecomber，1975）。此外，少数增长理论家对可耗竭资源的最优开采、利用路径进行了分析（Solow，1974；Stiglitz，1974；Dasgupta and Heal，1979），认为只要存在技术进步和可再生的替代资源，

---

① ［英］威廉·配第. 赋税论［A］. 配第经济著作选集［M］. 商务印书馆，1981：66.
② ［英］A. E. 门罗. 早期经济思想［M］. 北京：商务印书馆. 1985：3.

持续的消费和效用是可能实现的，20 世纪 80 年代的资源价格也正巧迎合了他们的论断。

进入 20 世纪 90 年代以后，一系列全球环境问题的恶化（如全球变暖、酸雨、臭氧层空洞）再度引发经济学界关注资源环境约束问题的热潮。加上 80 年代后期内生增长模型的兴起，一些经济学家开始将自然资源、环境污染等因素纳入内生增长模型（Barbier，1999；Tsur，Zemel，2005）。诺德豪斯（Nordhaus，1992）在索洛模型的基础上纳入自然资源，分别建立了一个有资源约束和一个无资源约束的新古典增长模型，将两个模型得到的稳态人均产出增长率之差定义为自然资源的"增长尾效"（growth drag）。[1] 有学者研究了农业收敛与生产力增长的关系，证明了农业土地上的技术进步速度是快于制造业的（Martin and Mitra，1999）。[2] 有学者强调了土地等资源限制在经济增长和转型过程中的作用（Nagi，2001）。还有学者分析了土地和环境政策对经济增长的作用，提出了如何最大限度地利用土地来促进经济增长的政策建议（Copeland and Taylor，2003）。布鲁克和泰勒（Brock andTaylor，2010）也认为减少对土地的非法占有和污染可以极大地提高经济绩效。[3]

2.3.2　国内研究进展

国内学者对此问题的研究以实证分析为主，主要分为正、反两个角度。从正向角度分析，主要集中于土地要素投入（丰雷，2008；李明峰，2010；叶剑平，2011）、农地非农化（陈江龙，

---

① Nordhaus William D, Stavins Robert N, Weitzman Martin L, Lethal Model 2: The Limits To Growth Revisited [J]. Brookings Papers on Economic Activity, 1992 (2): 1 – 59.

② Martin, W., Mitra, D. Productivity growth and convergence in agriculture and manufacturing [J]. Economic Development and Cultural Change, 2001 (2): 403 – 422.

③ William A. Brock, M. Scott Taylor. The Green Solow model [J]. Journal of Economic Growth, 2010 (2): 127 – 153.

2004）、城镇建设及工矿用地（李效顺，2009）等对我国区域经济增长的贡献，其方法主要应用了 C-D 生产函数。曲福田等（2004），李永乐、吴群（2008）验证了耕地保护与经济增长存在类似库兹涅茨曲线关系并倡导大力引进先进技术，借助投入的增加和技术的改造提高耕地数量和质量。从反向角度分析，主要是以罗默（2001）的 C-D 生产函数模型为基础，测算土地资源约束对中国经济的"增长尾效"。薛俊波（2004），谢书玲（2005），杨杨、吴次芳等（2007），崔云（2007）通过构建计量经济模型，分析了土地资源对中国经济的"增长尾效"。刘耀彬、陈斐（2007），阿依吐尔逊（2011）构建了城市化进程中的能源、土地和水资源消耗"尾效"模型，考察了其对中国城市化进程的"阻滞"作用。[1] 曹雪（2011），刘耀斌等（2011）从区域的角度，分别针对南京市和中部地区分析了其经济增长的土地资源"增长尾效"。曾伟（2012）研究了土地对农业经济增长的阻尼效应。王家庭（2010）从区域维度和时间维度对我国内地 31 省区经济增长中的土地资源尾效进行了实证研究，并分析了土地资源尾效存在区域差异的原因。[2]

理论层面，近年来我国学者的研究突破较少。罗浩（2007）在新古典经济学框架内解析古典经济学关于自然资源制约经济增长的传统，并揭示克服资源瓶颈的可能途径。[3] 由此可见，结合我国实情，探讨土地要素的内生化问题对于解决我国用地紧张、用地效率低下等问题具有非常重要的意义。

---

① 刘耀彬，陈斐. 中国城市化进程中的资源消耗"尾效"分析 [J]. 中国工业经济. 2007（11）：48 - 55.

② 王家庭. 中国区域经济增长中的土地资源尾效研究 [J]. 经济地理. 2010（12）：2067 - 2121.

③ 罗浩. 自然资源与经济增长：资源瓶颈及其解决途径 [J]. 经济研究. 2007（6）：142 - 152.

2.4　土地整治对城乡统筹的作用

城乡统筹是在我国独特的城乡二元体制下解决"三农"问题、缩小城乡差距、增强城乡互动的重要战略举措。而土地整治作为改善农村生产生活条件、促进城乡间要素流动的一项民生工程，对于城乡统筹有重要的推动作用。

由于土地整治对城乡统筹的促进作用直接且明显，所以，相关文献也较多。通过总结、归纳可知，目前国内学者对此问题的研究主要集中于土地整治与城乡建设用地增减挂钩对城乡问题的影响以及增减挂钩政策本身存在的问题。张宇、欧名豪（2006）对建设用地增减挂钩政策的由来和挂钩政策落实的阻力进行了分析，提出了进一步落实挂钩政策的意见和建议，认为地块权属调整存在原宅基地不符合标准和补偿标准不规范的问题。[①] 李效顺、曲福田（2008）将脱钩理论应用到城乡建设用地管理的领域，认为开展土地整治是优化城乡建设用地结构的有效举措。[②]

陈桂玲、赵巍（2008）对邹平县农村建设用地减少情况进行了调研，指出存在村镇体系规划滞后和农村居民点整理的观念障碍等问题。[③] 胡传景（2009）认为城乡建设用地增减挂钩试点工作最根本的问题就是缺乏稳定的项目启动资金来源。目前开展试点工作所需资金全部为政府财政投入，很难保障欠发达地区试点工作的持续开展。同时，由于缺乏统一合理的用地指标分配机制，地方政府

---

① 张宇，欧名豪. 该怎么挂钩——对城镇建设用地增加与农村建设用地减少相挂钩政策的思考 ［J］. 中国土地，2006（3）：23 – 24.

② 李效顺，曲福田，郧文聚. 中国建设用地增量时空配置分析——基于耕地资源损失计量反演下的考察 ［J］. 中国农村经济. 2009（4）：4 – 16.

③ 陈桂玲，赵巍. 邹平县农村建设用地减少与城镇建设用地增加挂钩调研报告 ［J］. 山东国土资源，2008（2）：40 – 41.

在用地指标的分解上存在"拍脑袋"的问题，为权力寻租提供了空间。① 刘卫东（2009）总结了增减挂钩试点工作中在资金、规划、农民安置补偿和质量平衡方面存在的问题，指出资金和相关规划问题是增减挂钩项目前期规划制定中的两大核心问题。李旺君、王雷（2009）认为挂钩政策中存在忽视用地结构的优化和耕地质量的问题。②

综上所述，国内外对于区域经济协调发展与土地整治两方面各自的研究均较多并趋于成熟，但两者之间关系的理论研究至今尚未有学者涉足。事实上，我国的土地整治已上升为国家战略，各地实践也已全面展开，其对于经济发展特别是区域经济协调发展的内在作用直接决定了未来我国区域发展的大格局。因此，本书试图搭建土地整治促进区域经济协调发展的理论框架，填补国内外在这方面的研究空缺。

2.5　本书的逻辑起点

本书区分了土地整治与以往掠夺式土地开发方式对于区域经济协调发展的不同影响，从而形成了独特的研究视角。图 2－2 展示了本书的逻辑起点。

自 1997 年正式提出"土地整理"的概念之后，我国逐渐迈进了以"土地整治"为手段的国土资源开发利用新时期。土地整治对于区域经济协调发展的意义在于，它以盘活现有土地资源、优化土地利用格局为根本目的，本着节约集约利用土地的原则，兼顾不

---

① 胡传景.建立出让建设用地增减挂钩指标制度的初步构想［J］.中国房地产，2009（6）：54－55.

② 李旺君，王雷.城乡建设用地增减挂钩的利弊分析［J］.国土资源情报，2009（4）：34－37.

区域经济协调程度

掠夺式开发
（exploration）

协调、可持续式开发
（development）

土地开发面积S'

S_1 S_1

土地整治面积S

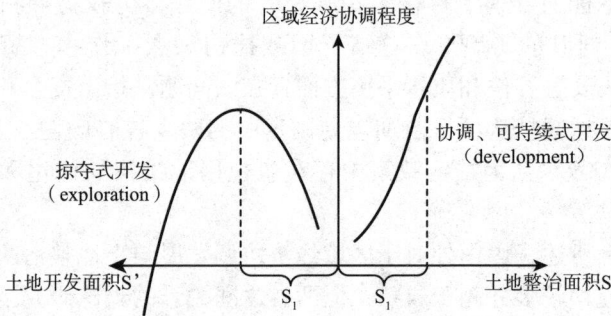

图2－2　本书的逻辑起点

同地区对于土地的需求，并充分考虑生态环境对于开发强度的承载能力，有利于区域系统内部各因素的和谐、统一。在"协调、可持续"的开发理念之下，区域经济的协调程度并不会因为整治规模的扩大而降低，相反，土地整治通过优化区域土地空间利用格局，使区域内部各种生产要素有机组合在一起，极大促进了要素在不同地区之间的流动和交换，加速了落后地区的经济增长速度、增强了地区之间的联系，使区域经济协调程度不断上升。同时，土地整治在改善生态环境方面的作用更为区域的可持续发展找到了出路。于是，图2－2右侧呈现出了一条随着土地整治规模的扩大，区域经济协调程度同步增加的曲线。

土地开发的不同理念使区域经济的发展走向了两条完全不同的路径，只有选择"协调、可持续"的开发模式，才能保证区域经济的协调、可持续发展。而这正是本书研究的出发点和落脚点，也是本书的特色。

第 3 章

土地整治与区域经济协调发展的
概念及逻辑关系分析

　　土地整治是调整土地利用方式的重要手段，区域经济协调发展是一种健康、和谐的区域发展方式，也是我国区域经济发展的重要战略目标。土地整治与区域经济协调发展之间的关系主要通过"土地—经济"系统中多种要素的串联、对接、传导而产生。本章将详细阐述土地整治与区域经济协调发展的概念及内容，并在此基础上，从"土地—经济"系统的内在作用规律入手，运用相关理论，阐释二者的逻辑关系，从而奠定本书研究的理论基础。

3.1　土地整治的相关概念及内容阐释

　　我国的土地整治由来已久，早在 3000 多年前的殷周时期就对如何整治土地进行了有益探索。目前，土地整治已发展成为我国一项重大战略举措。2017 年，我国土地整治资金规模达 754.92 亿元，可见其重要性和紧迫性。本节主要介绍土地整治、城乡建设用地增减挂钩的概念，土地整治的类型以及发展阶段。

3.1.1 相关概念

1. 土地整治

（1）土地整治的起源及国外的定义。土地整治起源于国外的土地整理。土地整理概念的首次使用是在1886年巴伐利亚国王路德维希二世签署的第一部土地整理法律中。在土地整理的发展过程中，各国土地整理的内容随其自然、社会和经济发展的变化，不断进行调整和完善，逐步形成了各自相对完整的体系。德国、荷兰、法国、俄国、瑞士、加拿大等国将调整土地利用结构和土地关系，实现土地利用规划目标的过程称为土地整理；匈牙利称之为土地调整；朝鲜也称之为土地整理；日本称之为土地整治和整备，又称为耕地整理；韩国称之为土地调整。虽然名称不同，但土地整理的主要内容基本相同，其中以德国、荷兰、俄罗斯等国家的土地整理最具代表性。世界许多国家和地区借鉴、引用先进的土地整理经验，根据自身的情况和特点，开展了土地整理的实践活动，并把土地整理作为实现土地利用长远战略目标、促进土地合理利用、调整土地利用结构和土地关系的重要手段。

（2）我国土地整治的概念沿革。我国土地整治的概念演变经历了三个阶段。

第一阶段："土地整理"（2000年以前）。2000年以前，我国的土地整治主要针对农用地整理，因此各类法规、政策文件中对土地整治的阐述均采用"土地整理"一词。1997年，中共中央、国务院颁布《关于进一步加强土地管理　切实保护耕地的通知》，要求"积极推进土地整理，搞好土地建设"，土地整理的概念第一次正式写入中央文件，并明确了土地整理的内涵，即按照土地利用总体规划的要求，通过对田、水、路、林、村进行整理，搞好土地建设，提高耕地质量，增加耕地有效面积，改善农业生产条件和环境。1999年，新修订的《中华人民共和国土地管理法》明确提出

"国家鼓励土地整理"。这一阶段，土地整治的特点是注重数量潜力挖掘，主要目的是补充耕地、挖掘生产潜力。

第二阶段："土地开发整理"（2000～2007年）。2000～2007年期间，主要采用"土地开发整理"的概念。例如，2000年《土地开发整理项目规划设计规范》等三个土地开发整理标准以及2003年《全国土地开发整理规划（2001—2010年）》等文件中均采用了这一说法。"土地开发整理"这一概念在土地整理的基础上并入了未利用地开发，扩充了土地整理的涵盖范围。概念拓展同时也带动了实际工作的开展，在这七年间，国土资源部、财政部利用中央分成的新增建设用地土地有偿使用费共安排了3054个土地开发整理项目，总建设规模248万公顷（3730万亩）。这一阶段，土地整治由重数量向数量与质量并重转变。

第三阶段："土地整治"（2008年至今）。从2008年开始，随着土地整治项目数量的快速增加，"土地整治"一词的应用范围逐渐扩大。土地复垦、土地开发等相关活动均被冠以了"土地整治"的称谓。但由于对这一概念的内涵没有明确规定，所以出现了概念混淆、叫法不一的现象，"土地开发整理""土地整理复垦""土地开发整理复垦"等都在文件中出现过。例如，2009年中央一号文件提到"统筹安排土地整理复垦开发"；2010年中央一号文件提出"有序开展农村土地整治"；2011年和2012年政府工作报告分别提出"大力推进农村土地开发整理"和"开展农村土地整治，加大土地开发整理复垦力度"等。2018年，中央一号文件全面部署实施乡村振兴战略，提出大规模推进农村土地整治和高标准农田建设。

这一时期，土地整治的范围从农村扩展到城市，实现了"全域"整治。同时，土地整治在实践开展中也逐渐融入了多种类型，实现了区域性的综合整治。因此，"土地整治"的概念界定需要综合考虑其理论内涵和实践操作，从而对其全面、完整地予以概括。

（3）我国土地整治的概念界定。土地综合整治诸多任务的达成必须以统一、准确的概念界定为基础，因此，急需对其概念进行统一。本书采用贾文涛（2012）对土地整治的定义，即"土地整治是对低效利用、不合理利用和未利用的土地进行治理，对生产建设破坏和自然灾害损毁的土地进行恢复利用，以提高土地利用率的活动。"①

2. 城乡建设用地增减挂钩

2004 年，国务院下发《关于深化改革严格土地管理的决定》，其中明确提出鼓励开展城乡建设用地增减挂钩项目。城乡建设用地增减挂钩，即城镇建设用地增加与农村建设用地减少相挂钩，是指依据国家土地利用的总体规划，将若干拆旧地块（拟整理复垦为耕地的农村建设用地地块）和相等面积建新地块（即拟用于城镇建设的地块）共同组成建新拆旧项目区，通过土地整理复垦和建新拆旧等土地管理措施的实施，在保证建新拆旧项目区内各类土地面积平衡的基础上，最终实现耕地面积增加（或不减少）和耕地质量提高、节约集约利用建设用地、城乡建设用地布局更加合理的目标。

2006 年 4 月，国土资源部将山东、天津、江苏、湖北和四川五个省市列为城乡建设用地增减挂钩的第一批试点。2008 年、2009 年陆续将 19 个省份（河北、内蒙古、辽宁、吉林、黑龙江、上海、浙江、福建、安徽、江西、河南、广东、广西、湖南、贵州、重庆、云南、陕西、宁夏）纳入建设用地增减挂钩的试点当中，增减挂钩政策已经成为目前我国土地整治的重要内容。

3.1.2 土地整治的类型

土地综合整治主要包括农用地整治、城乡建设用地整治、土地复垦、宜农未利用地开发四种类型。以下将具体阐述各类型的相

---

① 贾文涛. 统一概念为土地整治保驾护航 ［J］. 中国土地，2012（8）：46-47.

关内容。

1. 农用地整治

农用地整治是指在以农用地（主要是耕地）为主的区域，采取工程、生物等措施以及调整产权关系等手段，通过实施土地平整、灌溉与排水、田间道路、农田防护与生态环境等工程，增加有效耕地面积，提高耕地质量，改善农业生产条件和生态环境的活动。农用地整治的主要对象为耕地，其中又以基本农田的整治为重点。农用地整治的主要目标是新增耕地面积，提高耕地质量和农村综合生产能力。

2. 城乡建设用地整治

城乡建设用地整治是指对农村和城市地区散乱、废弃、限制和低效利用的建设用地进行整治。对于农村来说，建设用地整治有利于改善农村生产生活条件，提高农村建设用地节约集约利用水平；对于城市来说，建设用地整治具有缓解城市土地紧缺、完善基础设施和公共服务设施等作用。特别地，农村建设用地整治又可进一步划分为农村居民点用地整治和工矿废弃地整治。

农村居民点用地整治，是指在一定的社会经济条件下，针对农村居民点用地零散、无序的状态，对其空间结构和布局实施整治、改造等土地工程，并配合公共基础设施改造、完善，以达到优化土地利用结构，提高土地利用效率，改善农村生产、生活环境目标的一项综合土地利用工程。①

工矿废弃地整治，是指将土地利用总体规划确定的城镇建设用地范围外、依法取得土地复垦义务人已灭失的零星工矿废弃地以及交通、水利等基础设施废弃地，通过政府投资、复垦后进行调整利用，使废弃建设用地得到更新改造、充分利用，确保建设用地总量不增加、耕地面积不减少、质量有提高的措施。

---

① 张正峰，赵伟. 农村居民点整理潜力内涵与评价指标体系［J］. 经济地理，2007（1）：137－140.

3. 土地复垦

土地复垦是指对复垦义务人存在的因挖损、塌陷、压占等生产建设活动损毁的土地采取整治措施，使其达到可供利用状态的活动。

挖损地主要是指露天开采矿藏、勘探打井、挖沙取土、采石淘金、烧制砖瓦、修建公路、铁路、兴建水利等工程完毕后留下的毁损废弃的土地，主要分布在矿产资源，特别是露天矿藏分布区。挖损地的整治利用方式与区域的地形、地质条件、气候和土地利用结构密切相关，在平原地区，土源丰富，复垦成以耕地为主的农用地的潜力较大；在山坡上，一般宜于发展经济或其他林牧业；在陡坡的荒山丘陵山区和高寒及干旱地区，应根据条件发展林牧业。

塌陷地是指地下开采矿产资源和地下工程建设挖空后，由于地表塌陷而废弃的土地。从塌陷的地表形态看，对于平原或平地，塌陷造成地表起伏，且多积水；对于黄土塬区和丘陵坡地，塌陷仅造成地表起伏、穿线裂缝或滑坡，一般不会产生积水。

压占地是指采矿、冶炼、燃煤发电、水泥厂等排放的废渣、石、土、煤矸、粉煤灰等工业固体废弃物，露天矿排土场及生活垃圾等所压占的土地，同时也包括废弃建筑物所压占的土地。对于工矿固体废弃物，如毒性大或量大，垫土开发困难，或所处区域的坡度较大，一般适宜复垦为林草地；其他占压地可通过复垦措施，复垦为耕地等农用地。

4. 未利用地开发

未利用地开发包括农村地区的宜农未利用地开发和城市未利用地开发。对于农业生产来说，未利用地是重要的耕地后备资源，是农业、林业和牧业进一步开发和发展的物质来源。对宜农未利用地的开发是在充分考虑土地开发生态环境效应的前提下，通过评价未利用地对农业、林业或牧业的适宜性与限制性，确定在当前经济条件下能够开发成为农用地的集中连片分布的未利用地数量，并根据未利用地的潜力状况对宜农未利用地采取整治措施，以增加耕地面积、改善生态环境。城市未利用地开发主要是对城市水系河道、湖泊等自然用地的开发。

3.1.3 土地整治的目标

从 1998 年正式提出"土地整理"的概念至今，土地整治的目标随着社会经济的发展而不断发生变化。特别是在目前土地供给严重短缺、地区差距拉大、生态环境恶化等大量问题出现的情况下，土地整治也被赋予了新的目标和任务。本书在已有文献的基础上，结合土地整治实践，将其目标总结、归纳为土地利用和区域发展两个层面，并构建了如图 3–1 所示的土地整治目标体系。

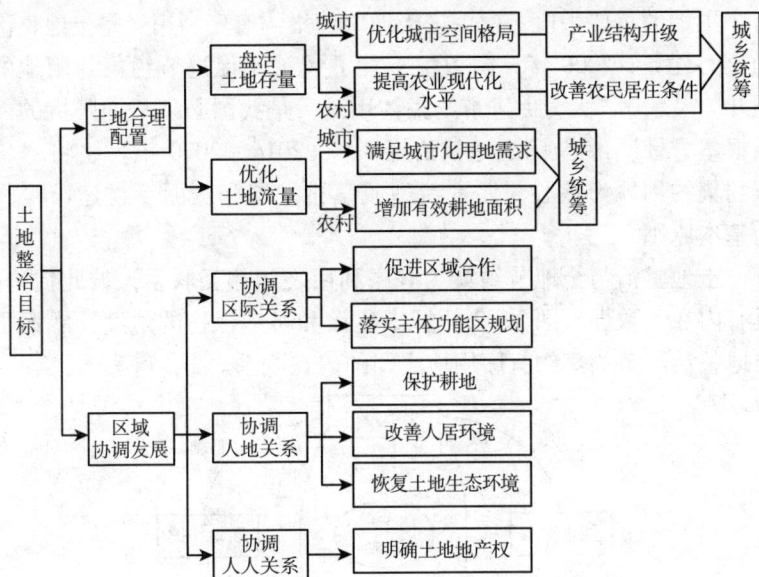

图 3–1 土地整治的目标体系

土地整治的直接作用对象是土地。通过整理、复垦、开发等手段，实现土地资源的合理配置，是土地整治的核心目标之一。另外，土地整治是在一个区域范围之内组织并实施的，因此，必然也必须符合区域发展的规律和要求，并充分发挥其在调整区际关系、人地关系、人人关系等方面的优势，达到促进区域协调发展的目标。这两个总目标又可具体细分为五个子目标，分别是：盘活土地存量、优化土地流量、协调区际关系、协调人地关系以及协调人人关系。

1. **盘活土地存量**

盘活土地存量，即实现土地的节约集约有序利用。所谓土地节约利用，是指尽量减少土地的占用面积；所谓土地集约利用，是指通过增加单位面积上要素的投入数量，挖掘土地资源潜力，提高土地产出效率；所谓土地有序利用，是指按照时间、空间顺序合理安排地上生产活动，形成土地的最优利用格局。土地整治是节约集约有序用地的重要手段，而促进土地节约集约有序利用又是土地整治的核心任务。2008 年，国务院下发了《关于促进节约集约用地的通知》，提出"大力促进节约集约用地，是我国必须长期坚持的一条根本方针"；《全国土地整治规划》（2016～2020 年）也将"以节约集约用地为核心，促进新型城镇化发展和美丽乡村建设"作为基本原则。

土地整治与土地节约集约有序利用之间相互联系，彼此促进，具有内在一致性。图 3－2 从城市建设和耕地保护的角度，展示了土地整治与节约集约有序用地之间的内在联系。

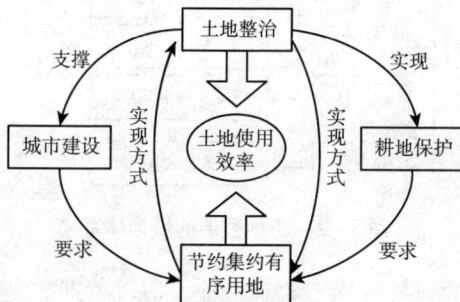

图 3－2　土地整治与节约集约有序用地的内在联系

对于不同的整治类型，存量用地的整治目标也有所区别。对于农用地来说，主要通过整理、复垦等措施，归并田块、降低耕地破碎程度，使农用地集中连片。农用地的节约集约利用，一方面，满足了农业机械和新技术利用的需要；另一方面，解决了因土地细碎、分散造成的水电等资源的浪费、公共基础设施利用效率低、维护成本高等问题，从而使农地耕作条件满足了现代农业规模生产的要求，有利于提高农业现代化水平。对于农村宅基地来说，通过迁村并点等模式，农民统一住进了楼房，节约出来的宅基地通过城乡建设用地增减挂钩政策获得收益返还金，将这部分资金投资于农村社区建设，就能实现改善农民居住条件的目的。如果说盘活土地存量解决了农村的建设问题，那么对于城市来说，就是解决了可持续发展的问题。城市存量土地的盘活主要是根据城市建设和发展的需要，结合旧城、旧工矿和"城中村"改造，对废弃、闲置或者不合理利用的建设用地进行整理和复垦，将有限的土地有序地分配给不同的发展阶段和不同的发展空间，促进土地的集约有序利用，实现优化城市空间格局、促进产业结构升级的目标。

农村和城市存量土地的盘活不应仅仅关注各自区域范围内的发展，还应充分借助城乡建设用地增减挂钩等相关政策，在发挥自身优势的基础上，互通有无，推动要素在城乡之间合理流动，促进城乡统筹发展。

2. 优化土地流量

优化土地流量，是指对新增土地的合理、有效利用。其目标是让新开发的或改变用途后的土地与存量土地有机结合、有效匹配，充分挖掘每一寸土地的潜能，使整体收益最大化。对于耕地来说，应尽量使新增耕地临近已有耕地，增加有效耕地面积，促进耕地集中成片布局，形成规模效应。对于城市用地来说，应严格按照城市规划，综合考虑城市在发展目标、发展规模和空间布局等方面的定位，将新增建设用地安排给最重要的土地用途，最大限度地发挥其经济、社会和环境效益，从而缓解城市土地供给紧缺的问题，满足城市化过程中对土地的需求，促进城市的健康、可持续发展。在城乡建设用地增减挂钩的政策下，城市土地供给问题可通过农村拆旧区与城市建新区的对接来缓解，这在很大程度上解决了城市没地、农村没钱的困境，实现了资金在城乡之间的流动，促进了城乡一体化进程。

3. 协调区际关系

土地整治因各地不同的社会经济基础和自然资源条件而呈现出不同的特点和模式，通过实践中的不断探索，各地也设定了符合当地发展现状的整治方向和任务。但是，从全国层面来看，随着区域差距拉大、人均耕地面积逐年减少以及生态环境恶化等问题的突显，单纯以促进地方经济独立发展为目标的土地整治已经无法适应新的形势和要求，必须统一规划，在保障粮食安全和生态安全的基础上统筹兼顾东部、中部、西部，协调发展，形成良好的区际互动合作关系。土地整治作为调整国土资源利用格局的重要举措，应着重在两个方面发挥其在协调区际关系上的作用。一方面，土地整治应当紧密贴合主体功能区建设的要求，按照优化开发区、重点开发区、农产品主产区和重点生态功能区规划开展土地整治活动，使各地形成层次清晰、分工明确、安排有序的土地开发和利用格局；另一方面，通过整合土地资源，解决跨区域基础性生态用地保护、基础设施用地配置等重大土地开发利用问题，加大区域合作力度，同时，引导产业由发达地区向落后地区转移，逐步缩小地区差距。

4. 协调人地关系

人地关系，即人类社会和自然环境的关系。吴传钧院士（1991）认为，"人应主动认识，并在地的规律下利用和改变地，从而使地更好地服务于人类，这就是人和地的客观关系"。[①] 土地整治正是人类对土地主动认识、利用和保护的途径，因此，应当把协

---

① 吴传钧. 论地理学的研究核心——人地关系地域系统［J］. 经济地理. 1991 (3): 1 - 6.

调人地关系作为土地整治的重要目标之一，实现人与自然的和谐相处。

　　具体来说，有三个子目标。（1）保护耕地。耕地是土地资源中最宝贵的自然资源，保持一定数量和质量的耕地是确保我国粮食安全和生态安全的关键。1998 年修订的《土地管理法》提出了耕地"占补平衡"的思路；《国民经济和社会发展第十一个五年规划纲要》明确提出 18 亿亩耕地是不可逾越的一道"红线"，《土地利用总体规划纲要（2006～2020）》提出全国耕地保有量到 2020 年要保持在 18.05 亿亩；党的十八大报告中提出要"给农业留下更多良田""严守耕地保护红线，严格土地用途管制"。党的十九大报告中也提出"严格保护耕地，扩大轮作休耕试点，健全耕地草原森林河流湖泊休养生息制度，建立市场化、多元化生态补偿机制"。可见，保护耕地是一项重要的战略任务，土地整治必须落实最严格的耕地保护制度，保障国家的粮食和生态安全。（2）改善人居环境。通过农村和城市土地整治工程的实施，实现改善农村面貌、建设生态宜居城市的目标。（3）改善土地生态环境。通过农田整理、盐碱地治理等措施；同时，提高植被覆盖率、增强防风固沙能力，恢复土地生态系统，促进生态文明建设。

　　5. 协调人人关系

　　与人地关系相对应，人人关系是指人与社会的关系。近几年来，在土地权益问题上发生了许多纠纷，阻碍了新农村建设以及城镇化的推进，影响了人人关系的协调发展。这些问题产生的最根本原因就是农村土地产权制度中产权主体不明，进而直接导致了农民在土地上的权益模糊。土地整治涉及农民生产、生活方式的重大改变，涉及农民利益结构的重新建立，涉及农民生活质量和水平能不能提高等一系列问题。因此，土地整治过程中应积极开展土地的确权和权属调整工作，确定产权界限、明晰产权主体，一方面维护农民权益，另一方面促进土地流转，有效解决飞地、插花地和不规则土地的利用问题，为土地节约集约利用创造条件。

　　以上分别从土地利用和区域发展的角度分析了土地整治的目标，

事实上，这二者并不是独立实现的，而是彼此关联、递进承接的关系。土地利用方式的转变和优化可以通过影响区域的空间布局、人地系统的协调等方面加快区域协调发展目标的实现，而区域的协调发展为土地要素的合理配置创造了条件、指明了方向。下文在介绍了区域经济协调发展的内涵之后会对这一问题进行更加详细的阐述。

3.2 区域经济协调发展的概念及内涵

3.2.1 区域经济协调发展的概念

1. 区域

在区域经济学的研究框架下，"区域"指能有效组织区内外的经济活动和经济联系的有限空间。其特点是既能够独立组织区内的经济活动，又能够协调区际之间的经济联系。一般认为，区域的划分，最好以行政区域为单元。对于我国的行政区域来说，应该至少包括一个具有一定规模的中心城市。从这个角度来看，我国的区域应该指代地级市及以上的行政范围。

接下来需要进一步探讨上述"区域"范围的界定是否适用于本书的研究对象。由于本书的主题是研究土地整治这一具体的政府战略举措对于区域经济协调发展所带来的影响，所以区域指代的范围就必须同时兼顾土地整治项目的规划作业范围和区域经济协调发展的研究范围。对于前者来说，目前我国的土地整治项目以行政村为最小划定范围，土地整治规划编制的最低一级为县级；对于后者来说，经济"协调"发展涉及的区际关系的问题本身就是"区域"概念的一部分，所以，"地级市及以上"的区域大于这两者的最小范围，可同时用于土地整治和区域经济协调发展的研究中。

本书第3章、第4章、第5章、第7章的内容主要是对理论和方法的阐述，因此，这四章中的"区域"范围涵盖了全国、省域和地级市三个层面，以求理论和方法的提出具有一般规律性和普遍适用性。第 6 章实证研究主要选取了山东省作为研究对象，检验省域范围内土地整治是否对区域经济协调发展有明显的促进作用。但这并没有否定土地整治与区域经济协调发展在全国和市域层面的因果关系，只是由于工作量以及篇幅的限制无法一一验证。此外，需要特别说明的是，本书中有些地方出现的"发达地区"和"欠发达地区"（或"贫困地区""落后地区"）是指区域范围的下一层级。例如，当"区域"指代省域范围，假设该省的经济发展由高到低排列分别是东部、中部和西部，那么"发达地区"和"欠发达地区"就可以分别指代该省的东部地区和西部地区。

2. 区域经济协调发展

区域经济协调发展是我国区域经济发展到一定程度的必然趋势。回顾我国区域经济发展战略的演进，大体可分为三个阶段。第一阶段是新中国成立初期至改革开放之前的区域均衡发展阶段。这一阶段国家将投资重点由沿海转向内地，以生产力均衡布局为目标，推动内地工业化进程，改善了新中国成立前工业布局极不均衡的格局，但同时也忽视了沿海的工业优势，导致投资回报率较低。第二阶段是从改革开放初期到 20 世纪 90 年代中后期的不平衡发展阶段。根据邓小平同志"让一部分地区、一部分人先富起来，逐步实现共同富裕"的思想，形成了沿海地区先发展并逐步带动内地共同发展的格局。第三阶段是 20 世纪 90 年代中后期到现在的区域协调发展战略阶段。这一阶段，中央将缩小地区差距，实现区域协调发展作为区域发展的指导方针，实施了推进西部大开发、振兴东北老工业基地、促进中部地区崛起以及鼓励东部率先发展的区域发展总体战略，并在 2006 年"十一五"规划纲要中提出了推进形成主体功能区的思路和方向，党的十八大和十八届三中全会更将经济与生态环境的协调作为区域协调发展的新目标。党的十九大和十九届二中全会、三中全会强调统筹推进"五位一体"总体布局和协调推进"四个全面"战略布局，立足发挥各地区比较优势和缩小区域发展差距，围绕努力实现基本公共服务均等化、基础设施通达程度比较均衡、人民基本生活保障水平大体相当的目标，深化改革开放，坚决破除地区之间利益藩篱和政策壁垒，加快形成统筹有力、竞争有序、绿色协调、共享共赢的区域协调发展新机制，促进区域协调发展。

从表3-1中内容可知，20多年来，我国五年规划纲要当中对区域经济协调发展的战略定位主要围绕发挥地区优势、缩小地区差距、促进地区合作、扶持落后偏远地区、实施主体功能区战略等几个方面展开。而且，"十五"规划纲要之后增加了对建设生态功能保护区、专业化农产品生产基地、旅游经济区以及实施主体功能区的要求，由此可以看出，国家开始逐渐加大对区域生态功能的重视，区域经济与环境的协调发展将成为未来区域经济协调发展中不可或缺的重要内容。

表3-1　　　"九五"计划至"十三五"规划纲要中对
区域经济协调发展的相关表述

规划纲要	"区域经济协调发展"的相关表述
"九五"计划纲要	促进全国经济布局合理化，逐步缩小地区发展差距； 选择适合本地条件的优势产业，避免地区间产业结构趋同化； 促进地区间优势互补、合理交换和经济联合； 突破行政区划界限，形成七个跨省区市的经济区域。
"十五"计划纲要	实施西部大开发战略，加快中西部地区发展，调整经济布局； 打破行政分割，发挥比较优势，防止结构趋同； 形成各具特色的区域经济，先行在生态功能保护区、专业化农产品生产基地、旅游经济区等方面取得突破。
"十一五"规划纲要	主体功能定位清晰、东部、中部、西部良性互动； 公共服务和人民生活水平差距趋向缩小； 实施"四大板块"区域发展总体战略，加大对欠发达地区的支持力度； 打破行政区划局限，促进生产要素流动，引导产业转移； 鼓励地区间合作，健全互助机制。

续表

规划纲要	"区域经济协调发展"的相关表述
"十二五"规划纲要	发挥不同地区比较优势，促进生产要素合理流动； 深化区域合作，推进区域良性互动，逐步缩小区域发展差距； 扶持老少边穷地区； 实施主体功能区战略，形成高效、协调、可持续的国土空间开发格局。
"十三五"规划纲要	实施西部开发、东北振兴、中部崛起和东部率先发展的区域发展总体战略； 创新区域合作机制，加强区域间、全流域的协调协作； 推进环渤海地区合作协调发展； 建立健全生态保护补偿、资源开发补偿等区际利益平衡机制。

资料来源：根据《中华人民共和国国民经济和社会发展第九个五年计划纲要》《中华人民共和国国民经济和社会发展第十个五年计划纲要》《中华人民共和国国民经济和社会发展第十一个五年规划纲要》《中华人民共和国国民经济和社会发展第十二个五年规划纲要》《中华人民共和国国民经济和社会发展第十三个五年规划纲要》整理而成。

　　除了国家相关政策文件从战略层面对区域经济协调发展内涵的阐述之外，许多学者从学术研究层面对这一概念进行了严谨的剖析。虽然在不同时期、不同的研究角度下，对区域经济协调发展的内涵有不同的界定，但从本质上看却是一致的。表 3 - 2 列举了 1995 年以来比较有代表性的概念表述。

表 3 - 2　　　　　　　区域经济协调发展的概念比较

文献来源	概念表述	核心内涵提炼
蒋清海 （1995）	区域经济协调发展是指在各区域对内对外开放的条件下，区域间所形成的相互依存、相互适应、相互促进、共同发展的状态和过程，并且形成决定这种状态和过程的内在稳定的运行机制。	相互协作的区际关系
蔡思复 （1997）	区域经济协调发展的科学含义应从广义和狭义两个层次来界定。从广义来看，是指区域的平衡发展和不平衡发展；从狭义来说，从效率与均衡的关系角度来分析，有三种模式：一是效率优先，兼顾东部、西部地区均衡；二是东部、西部地区均衡优先，兼顾效率的模式；三是兼顾效率与东部、西部地区均衡的模式。	处理好效率与公平的关系

土地整治与区域经济协调发展：促进机制及路径

文献来源	概念表述	核心内涵提炼
田扬戈（2000）	协调区域经济发展目标； 协调各个地区的经济行为； 区域经济协调机制内部的协调。	区域经济系统各个子系统内部关系协调
陈秀山（2006）	在国民经济发展过程中，既要保持区域经济整体高速增长，又能促进各区域的经济发展，使地区间的发展差距稳定在合理适度的范围内并逐渐收敛，达到各区域的协调互动、共同发展。	区域经济增长；控制并缩小地区差距；区域协调互动
覃成林（2011）	区域经济协调发展是指在区域开放条件下，区域之间经济联系日益密切、经济相互依赖日益加深、经济发展上关联互动和正向促进，各区域的经济均持续发展且区域经济差距趋于缩小的过程。	区域间经济联系密切；区域经济持续发展；经济差距不断缩小
张可云（2012）	在人口、资源、环境约束下，区际经济与社会、政治、文化和生态等因素关联互动的科学发展，它包括经济效率、社会公平、生态平衡、政治联合和文化融合五方面要求。	经济高效、社会公平、生态平衡、政治联合、文化融合

资料来源：作者整理。

这些学者对区域经济协调发展的认识和表述存在着差异，但是从其核心内涵来看，许多观点是契合的。主要表现在以下几个方面：第一，区域经济协调发展应首先满足区域整体以及各区域的经济持续增长；第二，区域经济协调发展关键是"协调"二字，即区域之间的经济关系应当是相互依赖、相互促进、彼此协调的；第三，区域经济发展的过程应当是区域经济差距不断缩小的过程，并在此过程中实现区域的共同发展。

不同的历史时期，我国所面临的社会主要矛盾不同，对区域经济协调发展的认识也必然不断发生着变化。应该说，上述概念都是基于特定的社会经济发展阶段所给出的在当时来看较为恰当、合理的界定。而覃成林和张可云两位学者的定义是最符合当下时代背景的：前者在区域开放的条件下，强调区域经济协调发展是区际经济关系不断完善的过程；后者认为政治、文化和生态等因素在区域经济发展中有独特作用，是实现区域经济协调发展过程中必须考虑的问题，并提出区域经济协调发展在本质上与"区域协调发展"并没有差别。

本书在总结归纳现有文献的基础上，结合国家政策的安排，认为区域经济协调发展的界定一方面应该把区域经济增长、区域差距缩小和区际互动增强作为其核心内容，同时也应该将"区域协调发展"中关系到经济是否能够可持续发展的生态环境因素纳入其概念体系当中。因为，各地区的经济发展必须充分考虑本地区的资源环境承载能力，[①] 而区域整体生态系统的稳定又必须依靠区域之间经济与环境的双重合作，在协调区域经济利益的同时兼顾区域生态功能，实现区域经济内部运行系统与外部支撑系统的协调发展。从这个角度分析来看，经济发展与生态环境的协调既是区域经济协调发展的前提条件，同时又是它的目标和任务。综合考虑以上内容，本书将区域经济协调发展的概念界定为：在区域整体资源环境承载力的约束条件下，地区之间经济相互关联、相互依存、共同发展，各地区经济持续增长且区域差距逐渐缩小的过程。

这一概念主要有三个关键点。第一，区域经济协调发展的前提条件是经济与环境的协调，只有在资源环境承载力允许的范围内发展经济，才能保证经济的持续快速增长，也才能够谈及经济发展是否协调。第二，地区之间经济相互关联、相互依存、共同发展是区域经济协调发展的实现路径。这三个方面呈现递进关系。地区之间通过建立经济联系，在经济的各个层面上进行合作，要素交换、互通有无，形成相互依赖、利益共享的关系，进而实现共同发展。第三，区域经济协调发展的最终目的是在维持区域整体及各地区经济持续增长的同时，控制并缩小地区差距，实现共同富裕。下文将分

---

① 范恒山. 我国促进区域协调发展的理论与实践 [J]. 经济社会体制比较, 2011 (6): 1–9.

别从区域经济增长、区域差距缩小、区际互动增强和经济与环境协调发展四个方面具体阐述区域经济协调发展的内涵。

3.2.2 内涵一：区域经济增长

区域经济增长（regional economic growth）是指一个地区生产能力的提高从而引起的商品和劳务产出数量的增加。库兹涅茨（1986）将其阐述为由人口的增加和区域结构的变化所带来的劳动生产率的持续增加。[①] 究其本质，就是地区生产总值不断提升的过程。

学者对于区域经济增长这一概念的探讨，主要是通过与区域经济发展（regional economic development）的对比来阐述。总结来看，二者之间的区别和联系主要有以下三个方面。第一，经济增长是经济发展的内容和前提，持续的经济增长是经济发展的根本动力，为经济发展提供了基本的物质条件，没有增长就没有发展。第二，经济增长并不是经济发展的全部，增长只是一个数量的变化，而发展是数量、质量的双重提升。所以，如果经济增长并未带来区域结构的优化、居民生活水平的提高、环境的改善，相反，却因为资源的不合理利用造成了区域生产、生活条件的恶化，影响了经济的可持续发展，那么就不能说实现了经济发展。第三，二者的衡量指标不同。衡量区域经济增长一般采用国内生产总值（GDP），而对于经济发展的衡量通常会将诸多指标（如经济结构、社会福利、生态环境等）综合起来。本书所要研究的区域经济协调发展与区域经济增长、区域经济发展的包含关系是：区域经济增长＜区域经济协调发展＜区域经济发展。

区域经济增长是经济学研究的核心问题之一，从古典经济增长

---

① ［美］库兹涅茨. 经济增长：事实与思考，诺贝尔经济学奖金获得者演讲集［M］. 北京：中国社会科学出版社，1986.

理论到现代经济增长理论，学者们通过构建一系列经济增长模型，分析了生产要素投入对于区域经济增长的影响，认为资本、劳动、土地这三个要素是区域经济增长过程中必不可少的要素组成，通过提高要素投入数量、提高要素生产效率，可以大大促进区域经济的增长。除此之外，区域对要素的配置能力对于经济增长也是十分重要的，对要素在空间的优化配置可以促进区域产业结构升级，推动区域经济结构调整，发挥规模经济、集聚经济、外部经济等经济效应对于区域经济的正向推动作用；对要素在时间上的优化配置可以保证资源的可持续利用，保障经济的可持续发展，实现经济增长方式由注重数量向注重质量的内涵增长转变。

3.2.3　内涵二：区域差距缩小

从一般意义上来说，区域差距（regional disparity）的内涵范围较广，不同地区在经济、社会、文化、资源、制度等各方面的差距都可以称为区域差距。而区域经济差距（regional economic disparity）专指区域在经济发展水平上的差异。应该说，区域经济差距是区域差距形成的根本原因，也是区域差距的最主要的内容。本书所研究的区域经济协调发展也主要指区域经济差距不断缩小的状态和过程。因此，本书中的"区域差距"仅限于经济发展领域。

缩小区域差距的关键是了解清楚区域差距的成因，而这也一直是学者们关注的重点。学者们从不同的层面对于区域差距的成因做了解释：要素禀赋理论将其解释为地区间资源存量的差别，循环累积理论则进一步阐明了发达地区可以保持持续增长，而落后地区难以突破发展瓶颈的原因。[①] 从 20 世纪 90 年代开始，经济学家开始从收敛和发散的角度探讨区域差距在不同区域范围内的表现。鲍莫

---

① Kaldor, N. The case for regional policies [J]. Scottish Journal of political Economy, 1970 (18)：337 – 348.

尔（Baumol，1986）提出了"俱乐部收敛"，认为经济结构特征相似的地区存在着经济增长收敛趋势。[1] 巴罗和马丁（Barro and Sala-I-Martin，1992）通过实证检验，得出发达国家经济增长逐渐趋同的结论。[2] 克鲁格曼（Krugman，1991）将区域差距归因于产业集聚带来的产业在地理上的分布，对于此种区域差距可以通过政府干预得到一定程度的降低。[3]

诸多学者通过实证研究，对我国区域差距的变化趋势及其原因提出了不同的见解。许多学者认为我国东部、中部、西部三大地区内部的区域差距是逐渐下降的，人力资本、对外贸易和地理因素等是收敛的关键（宋学明，1996；T. Jian and Sachs and Warner，1996；Fleisher and Chen，1996；魏后凯，1997；申海，1999；蔡昉，2000；刘强，2001；沈坤荣，2002）。还有学者认为技术外溢效应的高低对于区域差距也有一定的影响（John Whalley，2010）。[4] 林毅夫等（1999，2002，2003）认为区域的经济发达程度由该区域的要素禀赋决定，不同地区通过对自身优势的不断优化和强化，可以有效减小地区之间的经济差距，但是起决定作用的还是政府的区域发展战略。

3.2.4　内涵三：区际互动增强

互动，从字面意思来看，是相互作用、彼此产生改变的过程，且这种改变是正向的、积极的。区际互动是指区域之间建立联系，

① Baumol, W. Productivity Growth. Convergence and Welfare：What the Long-Run Show [J]. American Economic Review, 1986 (76)：1072 - 1085.

② Barro, R and Sala-I-Martin, X. Convergence [J]. Journal of Political Economy, 1992 (100)：223 - 240.

③ Krugman, Geography and Trade [J]. Cambridge, MA：MIT Press, 1991：67 - 69.

④ John Whalley, Ximing Yue. Rural income volatility and inequality in china [J]. National Bureau of Economic Research, 2006 (12).

通过合作、交换等多种形式，相互促进、相互协调、共同发展的过程。

改革开放以来，我国由计划经济向市场经济转变，中央政府将更多权力下放给地方政府，地方政府在依靠自身优势谋求发展的同时也享受到了区域互动合作所带来的经济效益的提升。而促进区际互动也是我国实现区域经济持续、快速、健康发展的必然途径，原因有三。

第一，在市场竞争机制下，各地区的发展必须依赖整个区域范围内要素的最优配置，只有整体实现了帕累托最优状态，各地区的经济发展才能达到最优。这就要求区域之间形成要素自由流动、商品自由交换、企业自由合作的互动机制，从而在遵循市场等价交换、平等参与的原则下，实现自身利益和整体利益的双优化。

第二，我国的社会主义制度要求将消除贫困、实现共同富裕作为社会经济发展的最终目标，因此，发达地区应当通过产业转移、技术支援等多种方式带动落后地区的经济增长，同时，充分发挥落后地区的资源优势，合作构建国内产业价值链，谋求经济的"双赢"。

第三，随着生态环境问题的不断凸显，区域经济发展已不能将追求经济高速增长作为唯一目标，而必须同时兼顾对于资源环境的保护。这就要求政府在充分考虑区域生态安全的基础上，科学划分主体功能区，给不同地区设定不同的开发、保护限度，保障区域的可持续发展。而各地区之间必须形成和谐的利益分配格局，给予治理、保护环境的地区以合理的补偿，建立生态环境共建共享的利益分配机制，共同促进区域经济的健康发展。

可见，增强区际互动不论对于区域整体还是各地区的经济发展来说都具有十分重要的作用。在区域经济协调发展的目标下，应鼓励地区之间建立密切的经济联系，在经济的各个层面上进行合作，促进要素自由交换、产业梯度转移，形成互惠互利、利益共享的区际关系，实现区域的协调发展。

3.2.5 内涵四：经济与环境协调发展

经济与环境协调发展是区域经济协调发展的前提条件，也是其重要的目标和任务。目前，我国正处于工业化中期，环境污染和生态破坏等问题已经严重影响了工业化和城市化进程，亟须在发展经济的同时，加强对生态环境的保护，建立经济系统与环境系统的良性互动关系。所谓经济与环境的协调发展，是指经济系统和环境系统在和谐一致、配合得当、良性循环的基础上整体升级和推进的演化过程，[①] 即两个系统在协调的基础上求得共同发展。在处理经济发展和生态环境关系的问题上，采取"协调发展"的思路是目前全世界公认的最佳选择，也是实现社会经济可持续发展的必由之路。[②]

学界对环境问题的研究起源于两次环境革命。第一次发生在20世纪60年代末70年代初，主要标志是罗马俱乐部一些经济学家发表题为《增长的极限》的报告，引发了经济学家对环境恶化造成的经济增长极限进行辩论和研究；第二次发生在20世纪80年代末90年代初，《我们共同的未来》《发展与环境》《21世纪议程》等报告的相继出现引发了经济学家对经济与环境协调发展的探讨。[③]

经济与环境之间到底呈现出怎样的关系？是线性的还是非线性的？1991年，普林斯顿大学经济学家格鲁斯曼（Gene Grossman）

---

① 廖重斌. 环境与经济协调发展的定量评判及其分类体系——以珠江三角洲城市群为例 [J]. 热带地理, 1999 (19)：171 – 177.

② 王长征, 刘毅. 经济与环境协调研究综述 [J]. 中国人口·资源与环境, 2002 (3)：32 – 36.

③ 韩瑞玲. 经济与环境发展研究进展与述评 [J]. 中国人口·资源与环境, 2012 (2)：119 – 124.

和克鲁格（Alan Krueger）参照经济学中的库兹涅茨曲线,[①] 提出了环境库兹涅茨倒"U"曲线（the Environmental Kuznets Curve, EKC),[②] 如图3-3所示，横坐标表示经济发展过程（通常用人均收入水平来测算），纵坐标表示环境污染程度。

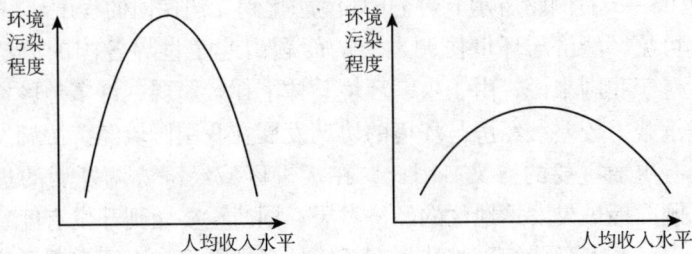

图3-3　环境库兹涅茨倒"U"曲线的两种形态

资料来源：Grossman, G M. & Krueger, A B. Environmental impacts of a North American Free Trade Agreement of Economic Research Working Paper 3914. NBER [C]. Cambridge MA., 1991.

　　在经济发展初期，以农业生产为主，经济水平低，环境污染也小，进入工业社会以后，随着石油、煤炭等能源的大量消耗，环境污染程度逐渐增加，大约在人均8000~15000美元时环境污染程度达到最高峰，之后，社会进入后工业化阶段，以高技术产业和高附加值产业为主，能源消耗逐渐减少，环境逐渐改善和恢复。之后，许多学者用数据验证了经济与环境的这种倒"U"关系。但也有许多质疑的声音。[③] 有研究发现部分发展中国家或西方发达国家的部

---

　　① Grossman, G M. & Krueger, A B：Environmental impacts of a North American Free Trade Agreement of Economic Research Working Paper 3914. NBER [C]. Cambridge MA., 1991.

　　② T Panayotou. Environmental Degradation at Different Stages of Economic Development [M]. Livehoods in the Third WorldLondon：Macmillan Press, 1995.

　　③ 周晨. 环境库兹涅茨曲线不适合中国国情 [J]. 吉林建筑工程学院学报, 2010 (3)：87-91.

分地区的实证结果不符合 EKC 假设，国内许多学者对全国及部分省市的实证结果中也有部分不符合。① 但是，应该说，环境库兹涅茨曲线至少为发展中国家的环境治理敲响了警钟，提醒发展中国家提早控制和治理环境污染，使倒 "U" 型曲线向 "扁平" 化转变（如图 3 - 3 右侧图所示），防止环境恶化到无法挽回的程度。

可见，经济与环境协调发展的问题引起了世界各国的广泛重视。对于我国来说，由于生态环境整体上比较脆弱，许多地区资源环境承载力较差，经济与环境的协调发展在我国区域经济协调发展中具有更加重要的意义。因此，在推进区域经济协调发展的过程中，既要促进欠发达地区的经济发展，同时也要做到开发有度、开发有序、开发可持续，维持生态环境的良性循环，真正实现经济与环境的协调发展。

3.3　土地整治与区域经济协调发展之间逻辑关系的理论分析

分析土地整治与区域经济协调发展的逻辑关系必须同时考虑二者的外延和内涵。从外延来看，二者分别属于土地系统和经济系统，因此，二者的联系离不开 "土地—经济" 系统的运行；从内涵来看，土地整治通过整理、复垦、开发等手段改变了土地资源的使用方式、优化了区域的土地利用格局，通过改善投资环境等促进了要素的流动，进而与区域经济增长、区域空间资源配置以及区际联系等区域经济协调发展的主要内容建立起了紧密的联系。本节将根据相关理论，探索土地整治与区域经济协调发展之间的内在逻辑关系，为全书铺垫理论基础。

---

① 游德才. 国内外对经济环境协调发展研究进展：文献综述 [J]. 上海经济研究，2008 (6)：3 - 14.

3.3.1　区域"土地—经济"关系分析

土地本身是自然的产物,当人类社会发展到一定阶段,可以借助于劳动工具在土地上进行生产以后,土地便开始发挥它的生产功能,成为所有社会生产部门(包括农业、工业、建筑业、交通运输业等)所必需的物质条件。[①] 特别是在人类经济活动日益频繁的今天,土地在经济系统中的作用愈发重要。从系统论的观点来看,土地的本质是土地生态系统与土地经济系统组合而成的土地生态经济系统。[②] 于光远(1987)首次提出土地是一个"经济·自然"概念,并在 1994 年进一步做了解释,认为土地具有自然和经济双重属性。[③] 土地系统与经济系统的对接可以有许多切入点。例如,张薰华(1995)将经济发展过程中土地的功能总结为直接生产功能、承载功能、资源功能和生态功能等;[④] 夏明文(2000)认为土地是自然因子、生态因子、经济因子和制度因子的集合,并随时间不断发生变化(如图 3-4 所示)。

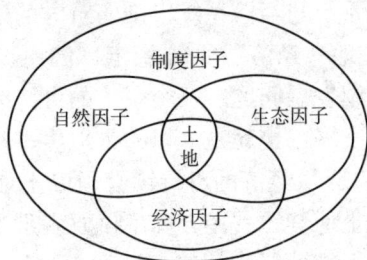

图 3-4　土地系统的因子构成示意

资料来源:夏明文. 土地与经济发展 [M]. 上海复旦大学出版社,2000.

---

① 张颖. 经济增长中土地利用结构研究 [D]. 南京农业大学,2005:54.
② 陈茵茵. 区域可持续土地利用评价研究 [D]. 南京农业大学,2008:58.
③ 于光远. 土地的定义 [J]. 中国土地科学,1994(5):20-23.
④ 张薰华. 土地与环境 [J]. 中国土地科学,1995(4):1-5.

区域的发展依靠物质的生产和财富的创造，而这都与土地息息相关。任何区域的经济活动都是在一定的土地空间内开展，并产生一定的空间效应，由此促进区域空间格局的不断演化。在此过程中，人们一方面通过开发、利用土地，改变了土地的用途和景观特征，另一方面，又通过在土地上投入劳动、资本等要素进行各种生产活动，为区域创造财富，同时也提升了区域经济的发展水平。可见，区域土地利用系统和区域经济系统通过人类活动而彼此交互、融合成一个整体，形成了一个新的区域子系统，即区域"土地—经济"系统。区域"土地—经济"系统是两个独立系统的有机组合，强调区域土地利用与区域经济发展具有内在联系，两者之间既互相促进，又彼此制约。而且，区域"土地—经济"系统是在维持两个系统正常运行的前提下，通过在某些共同功能上产生交叉、互动，从而形成一种合力，推进各自系统更好的发展。不能因为土地系统中融入了经济活动，就弱化甚至损害其系统内部其他机能的发挥。比如，过度的开垦，造成土壤沙化，破坏了土地生态系统的循环。

如何避免土地系统与经济系统以削弱对方的发展来谋取自身的发展，使区域"土地—经济"系统稳定、健康、持久地运行？这就涉及系统的可持续发展问题。一个系统的可持续发展要求系统内部各要素的可持续发展，也就是这里的土地生态环境可持续与经济可持续和谐统一。[①] 区域经济的可持续必须以土地生态环境的可持续为前提，特别是土地资源利用方面不仅要满足当代人的需求，还要考虑子孙后代对土地的需求，实现区域土地资源的可持续利用，进而保证整个区域系统的可持续发展。

以上所探讨的区域"土地—经济"系统，是对本书研究的一个铺垫。因为，土地整治对区域经济协调发展的促进作用正是基于

---

① 李兴江，陈开军，张学鹏. 中国区域经济差距与协调发展：理论·实证与政策 [M]. 北京：中国社会科学出版社，2010：49.

这一系统的传递而实现的。具体来说，土地整治的作用对象是区域土地系统，通过一系列技术手段改变土地用途，优化区域土地利用结构；而区域经济协调发展是区域经济发展的方式（或者说目标），土地整治对土地系统产生的效用会直接通过"土地—经济"系统而作用于区域经济系统，实现区域的协调发展。此外，需要强调的是，土地整治是维护区域生态环境、促进土地资源可持续利用的重要手段，而区域经济协调发展的内涵之一就是经济与环境协调发展，所以，在促进区域系统可持续发展方面，土地整治与区域经济协调发展之间是完全契合的。

3.3.2　土地资源、经济增长与区域差距

土地资源、经济增长与区域差距的内在逻辑主要体现在以下三个方面。

第一，土地资源是区域经济增长的源泉。早期的古典经济学家认为生产是由三要素构成的，即劳动、土地和资本，并在此基础上分析土地对国民财富增加的影响。正如西奥多·舒尔茨（Theodore. W. Schultz, 2001）所说，"早期经济学家一个普遍认同的观点就是将土地看作经济增长的一个制约因素"。[①] 之后，以马歇尔为代表的新古典经济学家减少了对土地资源的重视程度，认为稀缺的土地资源并不能够对经济增长造成威胁，这种缺乏是能够被技术进步抵消的。20 世纪 80 年代末 90 年代初，全球范围的环境恶化让经济学家们又开始重视资源环境对经济发展的约束，一些经济学家将土地资源纳入内生经济增长模型当中，研究土地资源对经济增长的影响。可见，随着学者对土地资源与经济增长之间关系的深入研究，土地资源对于经济增长具有促进作用已经

---

① ［美］西奥多·W. 舒尔茨. 报酬递增的源泉［M］. 北京：北京大学出版社，2011：108.

成为一个不争的事实。

第二，土地资源与区域差距的关系主要基于土地的自然资源属性。众所周知，区域经济发展的萌芽阶段都是靠着对区域内部自然资源的开发和利用起步的。区域资源的构成决定了区域产业结构，区域资源的优势决定了区域经济发展的方向，而区域资源总量又限制了区域经济发展的规模，因此，自然资源禀赋的差异是形成区域差距的最初始、最直接的原因。同时，由于自然资源缺乏流动性，人们可以通过技术手段改变自然资源的利用程度，但是无法改变其本身的性质和作用。因此，由自然资源所引起的区域差距是较为稳定和持久的。土地作为一切自然资源的承载物质，是经济发展最重要的物质基础。土地资源对于区域差距的影响主要有：（1）土地的肥沃程度会影响劳动生产率。特别是对于农业生产来说，土地资源的丰裕度会对该区域的农业生产成本、产值等产生决定性的影响。（2）区域土地利用结构影响区域产业结构。每个区域内土地面积是有限的，对某一产业上用地多意味着其他产业的发展受到了制约，由此就形成了区域结构的差异。（3）土地资源影响生产的地域分工。土地资源环境的区域差异是劳动地域分工的重要原因之一，而且还会给相关部门带来连锁效应，从而影响地域分工格局。

第三，1943 年，罗森斯坦·罗丹提出了大推进理论，提出对所有部门进行同步、大规模投资，实现经济的平衡增长。但是，由于现实当中的种种阻碍和制约，平衡增长无法真正实现。所以，在此之后，学者们纷纷基于不平衡增长（即将资金集中投放于几个部门，由这几个部门的发展带动整个行业的发展）的思想提出了促进经济增长的路径。可见，在一定区域经济差距之下，让一部分地区先富起来，是区域经济发展的必然选择，而缩小经济差距，让发达地区带动落后地区，实现共同发展是经济增长到一定程度后所要寻求的目标。

土地整治对这一个逻辑体系产生了怎样影响呢？图 3-5 展现了土地整治对"土地资源—经济增长—区域差距"这一体系产生

影响的过程。可以看出，在这一体系内部是两两关联的：土地是经济增长过程中不可或缺的生产要素，同时，土地的稀缺性也制约着经济增长的速度；对于区域差距来说，由于各区域土地资源禀赋不同，所以区域的劳动生产率、地域分工以及产业结构也相应有所差别，而这也就是区域差距形成的初始原因之一；区域差距与经济增长是彼此联系又互为前提的，个别地区的优先发展为区域经济增长提供了动力，但区域差距也由此产生（图中"＋"表示区域差距扩大），当经济增长到一定阶段的时候，又必须以缩小区域差距作为目标（图中"－"表示区域差距缩小），通过发达地区对落后地区的帮扶、拉动，增加落后地区的经济增长速度，逐渐缩小地区间经济差距，保证区域经济的协调、可持续发展。土地整治的作用恰恰是从数量、质量、结构的层面优化土地资源禀赋的状态，继而通过"土地资源—经济增长—区域差距"的逻辑体系对经济增长和区域差距产生影响，起到促进经济增长、缩小区域差距的作用。

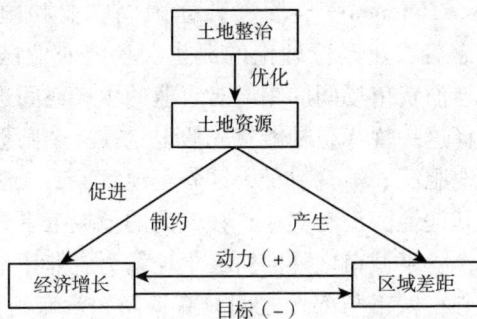

图 3 - 5　土地整治对"土地资源—经济增长—区域差距"体系的作用路径
注：＋表示区域差距扩大，－表示区域差距缩小。

3.3.3　区位选择、规模经济与区域土地利用

区域经济协调发展虽然重点强调了区域与区域之间的协调关

系，但是整体的协调离不开内部合理的土地利用关系和空间结构安排。只有从最小的区域单元开始，按照一定的规律进行合理规划和布局，然后一层一层向外延伸，最后形成一张有机的区域土地利用网络，才能实现区域整体的健康、有序运行，也才能谈及区域间的协调发展。这里所讲的"规律"正是不同产业的区位如何选择和布局的问题，而土地整治也只有在遵循这一规律的前提下才能真正实现对于区域土地资源的合理配置。

1. 区位选择

区位理论在微观经济活动层面主要指企业的区位决策，在宏观层面主要指产业区位理论。由于本书所探讨的土地整治主要影响农业生产和非农业生产活动，因此这里主要阐述最具典型代表的农业区位论和工业区位论。

（1）农业生产区位选择。

1826 年，德国农业经济和农业地理学家约翰·冯·杜能（Johan Heinrich von Thunnen）出版《孤立国同农业和国民经济的关系》一书，标志着农业区位理论的诞生。杜能农业区位理论主要根据农业产地与消费市场间的距离对农业的生产空间进行配置。为了更直观地解释这一规律，杜能首先假设：在一个圆形的均质平原国家，区内土地肥沃、适宜耕种，区外土地荒凉、无法耕种；该国是孤立的，与其他地区没有交往；在该国的地域范围内只有一个位于中央的城市，除了城市之外的所有土地均为农业用地，城市是农产品的消费中心；城市与郊区之间只有道路，没有河流或者运河，交通工具只有马车；运输费用与农产品的重量成正比，与产地和消费市场之间的距离成正比。[1]

基于这些假设，杜能推导出的结论是：不同区位的农业生产方式取决于地租的大小，地租与距离城市的远近有直接的关系。在市

---

[1] ［德］约翰·冯·杜能. 孤立国同农业和国民经济的关系 ［M］. 商务印书馆，1986：6.

场价格一定的前提下，越靠近城市的地方，运输成本越低，纯收益就越高，地租就比较高；随着与城市距离的不断加大，运输成本就越高，地租相应就会降低。地租的最终实现依赖于产品的销售收益和生产、运输费用的差值，因此，在靠近城市的地方，应生产需求量比较大，且相对于价格而言运费比较昂贵的作物或者容易腐烂、不宜长途运输的产品；随着距离的增加，则生产相对于价格而言运费较低的农作物。据此，可以确定城市周围不同农作物圈层由近及远的耕作顺序，而每一种农作物耕作圈层的规模则是由市场需求来决定：市场需求量大，则耕作圈层就宽一些，反之，就相对较窄。此外，不同耕作物的集约化程度也是呈圈层变化的，在靠近城市的区位要进行集约化经营，在离城市远的区位则进行粗放式经营。

根据以上这些原则，就形成了环绕城市中心的一系列同心圆，即所谓的"杜能环"。其农业生产的空间配置是：第一圈是距离城市最近的自由式农业圈层，主要生产容易腐烂的、运输难度大的产品，如蔬菜、牛奶等；第二圈是林业圈层，为城市供给薪柴、木炭等，这类物品重量和体积都较大，且价格低于第一圈层；第三圈是轮作式农业圈层，主要以集约的方式种植农作物，每一块地进行六区轮作；第四圈是谷草式农业圈层，主要种植牧草及粮食，每一块地进行七区轮作，不同于第三圈层的是，这一圈层不实行集约生产，七区中保留一区作为休耕地；第五圈是三圃式农业圈层，即将农户附近的地块分为三个区，三区之间进行轮作；第六圈层为畜牧业圈层，位于"杜能环"的最外层，生产供自家食用的粮食，同时，种植牧草养殖牲畜。第六圈层之外的地块为荒地。

杜能的农业区位论开创性地构建了运费（或者产地与消费中心的距离）对于农业生产区位选择的影响，且对于农业的集约与粗放经营进行了尝试性的探索，但是其理论中所强调的以商品性生产为主和单一品种专业化生产的前提与现实差距较大，而且随着技术的进步和交通系统的完善，距离对于企业利润的制约越来越小，因此，在实际应用当中，需要进一步放开假设条件，并根据现实情况加以修正。

（2）工业区位选择。

随着工业的发展，人口大规模流入城市，产业大规模集中，产业结构的演进和劳动分工的细化推动着区域格局的大转变。在新的区域空间布局下，影响工业生产活动的因素有哪些？区域内的工业分布又呈现怎样的规律？德国经济学家韦伯（Alfred Weber）在1909年出版的《工业区位论》中指出：运费、劳动力成本和集聚是工业企业区位分布的核心影响因素。[①] 其中，运费通过地方性原材料重量与制成品总重量之比，即原料指数来判断工业区位指向：指数小于1，工厂设在产品消费中心区域；指数大于1，工厂设在地方性原材料产区；指数等于1，工厂可设在产区与消费区中间。在此基础上，韦伯又加入劳动成本这一影响因素，将劳动成本与生产一单位产品所需运输的重量之比称为劳动系数，系数大的工业，厂址应选择劳动成本较低的地方，而对于制造业这种劳动成本较高的工业，应选择劳动成本较低的地区建厂。除此之外，集聚因素也会影响区位的选择。当一个工厂选择产业聚集地比选择运费小或劳动成本小的地方能节省更多费用的话，那么集聚因素就成为区位选择的决定性因素。

2. 土地规模经济与集聚经济

规模经济是一个经济学概念，其产生原因是规模报酬递增。当土地规模扩大的幅度小于规模报酬的增长幅度时，就是土地的规模经济。与经济学中的规模经济相比，土地规模经济所涉及的问题更加复杂和多元。第一，土地利用的规模经济问题，不仅存在于微观企业层次，还与区域用地规模、大片土地综合开发等宏观层面的问题有关；第二，由规模经济所带来的效益，并不一定是利润的增加，还可能是企业的劳动生产率、土地生产率的提高，或者是宏观经济效益和社会经济效益的提高；第三，规模经济的最终获益者不

---

① ［德］阿尔弗雷德·韦伯. 工业区位论［M］. 商务印书馆，1997：50－97.

一定是某一个特定的企业，也有可能属于一个地区全部企业或者一个产业，甚至可能属于一个区域整体。土地规模经济也可以细分为内部规模经济和外部规模经济。前者是指经营实体规模扩大而在其内部产生的效益；后者指整个行业规模扩大而使行业内单个经营实体得到的经济利益。

对于农业生产来说，在农业经营条件相同的情况下，土地经营规模不同，经营的经济效益也不相同。这种由于土地经营规模不同产生的经济效益的差别，就是农业的规模经济。对于目前我国家庭承包责任制下的农业耕作来说，亟须扩大经济规模，实现土地规模经济，加速农业现代化水平，促进现代技术生产要素的投入，实现农业高速增长。土地整治中的农用地整理通过整合分散、细碎的土地，使农田集中成片，促进农业机械以及现代耕作技术在农业生产中的应用。同时，整治后的土地方便进行专业化经营，农民可以将自家的承包地流转出去，交给种粮专业户，从而大大增加农用地的生产效率和农作物的流通速度。

与规模经济不同，集聚经济是指将生产经营活动集中在某一地点所得到的空间意义上的规模经济。奥沙利文（Authur O' Sullivan）认为城市可以极大化但不可以极小化，且大城市要优于小城市。[1] 原因是小城市的集聚经济效应高于交通成本增加所引致的规模不经济（见图 3 - 6），[2] 大城市则刚好相反。[3] 因此，如果某一区域有一个城市的规模过小，那就会出现诸多负面问题，引起自我强化式迁移现象的出现。因而在这里，必须再次强调本书所研究的土地整治的作用。从以上分析可知，一个区域中城市的发展规模直

---

① Authur O's Sullivan, Urban Economics（8th Revised edition）［M］. New York：McGraw Hill Higher Education, 2011：61.

② 小城市的效用曲线具有正斜率，如图 3 - 6 中的 L 点处，大城市的效用曲线具有负斜率，如图 3 - 6 中的 N 点处。

③ Andes, Alberto F. , Edward L. Glaeser. Trade and Circuses：Explaining Urban Giants ［J］. Quarterly Journal of Economics, 1995（1）：195 - 227.

接影响了该区域整体经济水平和未来的发展潜力，在一些贫困地区，有许多规模小、土地开发又受限的城市，土地整治通过存量建设用地挖潜以及城乡建设用地增减挂钩，使其能够进一步扩张并加快城市化进程，从而促进该区域尽早达到集聚经济的规模，走出发展陷阱。

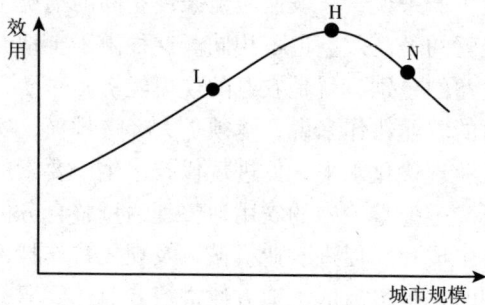

图 3 – 6　效用与城市规模

　　土地整治正是按照产业布局规律，通过对区域土地的整理、复垦、开发，优化区域的土地利用格局，促进区域空间资源的合理配置，使微观个体在进行生产、居住的地点选择时能够更容易地找到利润最大化的区位；同时，企业间的集聚效应得到体现，区域产业快速发展。

3.3.4　要素流动、产业转移与区际互动

　　协调区际关系是区域经济协调发展的核心内容。仅仅是个别发达地区的繁荣和发展不能称得上区域协调，只有当区域之间形成了相互依赖、合理分工、彼此合作的关系时，才能达到"协调"的目标，也才能增强发达地区对落后地区的带动作用，实现区域经济的整体推进。由于土地整治对于区际关系的影响主要表现在促进要素流动以及产业在区域间的转移两个方面，所以本节主要介绍要素

流动、产业转移与区际互动的关系。

1. 要素流动与区际互动

生产要素是区域经济发展的基础，要素的投入数量及配比关系决定了区域生产力的高低。因此，区域整体生产力的提升需对要素进行优化配置，而要素的跨区域流动是实现优化配置的必然选择。同时，要素的流动为区域之间搭建了关联互动的桥梁，对于密切各区域间的贸易联系和经济合作关系、增强区域间不同要素的互补性，提高生产效率和区域竞争力具有极为重要的作用，是加强区际交流与互动最主要的实现路径。

具体来说，要素的跨区域流动对区际互动的作用主要有三个方面。[①] 第一，区域要素流动将原本分散于不同地区的要素通过市场的力量集中在一起，提高生产率，最大化要素的边际收益。经过生产环节，要素转化为产品，并获得最终收益。这一收益并不只属于要素集中的地区，而是分配给各个参与生产的要素，从而使要素来源地区同样分享到生产率提高所产生的效益。第二，区域要素流动使一个地区内具有比较优势的要素超越本地市场，通过区域合作，将其他地区也并入这一市场当中，从而以扩大的区际市场从事较大规模的生产活动，使要素的比较优势在更多的地区内发挥作用。第三，要素的流动有利于区域之间贸易机制的完善。一个地区可以利用本地的比较优势与其他地区交换，得到本地区的稀缺商品，促进区域之间互通有无，建立起稳定的贸易协作关系，提高区域整体的专业化程度。

2. 产业转移与区际互动

产业是联系土地利用与区域经济发展的重要纽带，政府通过对不同产业实施不同的供地政策，起到对产业结构的调控作用，从而影响整个区域的产业布局。反过来，政府依据区域经济发展目标实

---

① 胡鞍钢、王绍光. 政府与市场 [M]. 北京：中国计划出版社，2000：1 - 20.

施差别化的土地供给政策，指导区域土地的有序利用。土地整治对产业发展的各个层面均有一定的影响作用，如产业结构的布局、产业的优化升级、产业转移等，其中对区际关系的影响主要通过产业转移来实现。

具体来说，产业转移对区际关系的影响主要有以下三个方面。第一，产业转移有利于实现产业转入地和转出地"双赢"的目标。通常来说，转出地为经济发达地区，转入地为经济落后地区。产业转移的动力来自发达地区转出和落后地区转入的需求。在发达地区，随着资源的大量消耗，原本具有优势的生产要素成本上升，产业竞争力下降，所以需要将其转出，寻求新的发展机会；而这些生产要素在落后地区却恰恰是具有优势的，而且，在转入产业的同时，也带去了资金和先进的技术管理经验，这极大促进了要素优势的发挥，带动了当地经济水平的快速提升。[①] 发达地区在产业转出以后，可以与落后地区合作建立新的产业联系，在参与国际分工的基础上，形成国内层面新的价值链条，这一链条与国内的产业关联度和不同区域之间的技术经济联系较高，有利于发达地区实现产业升级，找到新的经济增长点。第二，产业转移的过程也是资本在地区之间流动的过程，通过企业的兼并、重组、成立子公司、参股、控股等一系列产权交易活动的开展，促进生产要素在产业和地区间的优化配置，有利于各地优势的发挥，避免地区间产业趋同的问题。第三，产业转移使发达地区与落后地区的交往和合作更加密切，地区之间分工协作的观念增强。各地不仅关注地区优势的发挥，而且将眼光置于区域大环境当中，积极探寻与其他地区的合作机会，形成广泛的区际联系，这对区域经济的协调发展起到了极大的推动作用。

前面所阐述的这些逻辑关系之间并不是独立存在的，而是彼此交互、穿插连接，形成了一张相互关联的逻辑网络。例如，缩小地

---

① 陈秀山，张可云．区域经济学 [M]．北京：商务印书馆，2003：55–61.

区差距除了依靠加快落后地区的经济增长速度之外，还可以通过区域之间的要素流动和产业转移来实现；区域土地的合理利用和布局对于要素流动和产业转移也同样具有促进作用。因此，应全面理解和认识，从整体上把握各逻辑节点之间的多重作用关系。

3.4 土地整治促进区域经济协调发展的分析框架

在梳理清楚土地整治与区域经济协调发展的基本逻辑关系后，下面章节将对此问题继续进行深入的研究。在此，构建一个分析框架（见图 3 - 7），清晰地呈现下文的整体研究思路。

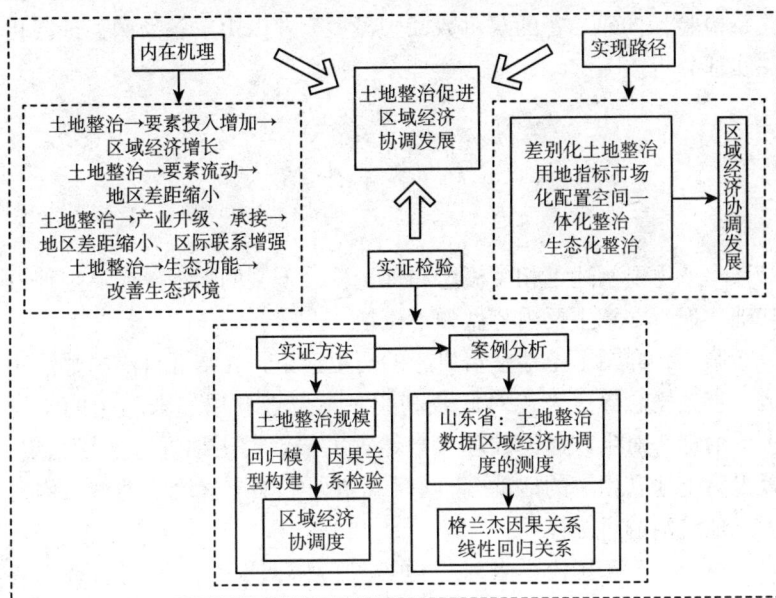

图 3 - 7 土地整治促进区域经济协调发展的总体分析框架

本书主要从三个方面分析土地整治对于区域经济协调发展的促进作用。

第一，土地整治促进区域经济协调发展的内在机理。包括四个层次：土地整治→要素投入增加→区域经济增长；土地整治→要素流动→地区差距缩小；土地整治→产业升级、承接→地区差距缩小、区际联系增强；土地整治→生态功能→改善生态环境。

第二，土地整治促进区域经济协调发展的实现路径。通过土地整治的四种具体实施模式（分别是差别化土地整治、用地指标市场化配置、空间一体化整治以及生态化整治），实现区域经济协调发展的目标。

第三，土地整治促进区域经济协调发展的实证检验。测度区域经济协调水平，对土地整治规模与区域经济协调度进行格兰杰因果关系检验，构建二者的双对数回归模型，并以山东省为例，进行相关实证分析。

3.5　本章小结

本章主要阐述了相关概念和理论，为下文的深入研究奠定理论基础。现将本章主要内容做如下概括。

第一，介绍了土地整治概念的历史沿革，并结合目前的整治实践，将其概念界定为"对低效利用、不合理利用和未利用的土地进行治理，对生产建设破坏和自然灾害损毁的土地进行恢复利用，以提高土地利用率的活动"。同时，划分了土地整治的类型、构建了土地整治的目标体系。

第二，基于国内学者对"区域经济协调发展"一词的现有解释，提出了本书对这一概念的界定，即"在区域整体资源环境承载力的约束条件下，地区之间经济相互关联、相互依存、共同发展，各地区经济持续增长且区域差距逐渐缩小的过程。"其内涵主要包括四个方面：区域经济增长、区域差距缩小、区际互动增强和经济与环境协调发展。

第三，从区域"土地"系统和"经济"系统的相互作用关系入手，阐述了土地整治影响区域经济协调发展的基本理论逻辑，包括土地资源差异如何影响了不同地区的经济增长速度，进而带来了区域差距；土地整治如何依据区位选择和规模经济理论影响了区域土地利用结构；要素流动、产业转移如何促进了区际经济联系。这些理论都是后续章节相关研究的逻辑起点，为下文具体内容的探讨找到了理论依托。

第四，构建了土地整治促进区域经济协调发展的分析框架，为下文的研究内容梳理出了清晰的思路，引导后续章节按部就班地展开。

第 4 章

土地整治促进区域经济协调
发展的内在机理

　　本章是全书的核心，主要探讨土地整治促进区域经济协调发展的内在机理。在上一章理论基础的铺垫下，本章将以区域经济协调发展的四层内涵（区域经济增长、区域差距缩小，区际互动增强，经济与环境协调发展）作为研究的切入点，运用三要素经济增长模型、改进的存量—流量模型等，推演分析土地整治对于区域经济协调发展每一层内涵的作用，从而揭示土地整治促进区域经济协调发展的内在机理。

4.1　土地整治促进区域经济增长的机理
——基于三要素模型的解释

　　土地整治对区域经济增长的作用主要体现在通过整理、复垦和开发，增加有效土地要素的供给、提高土地集约利用程度，避免土地资源的稀缺对于经济增长的抑制，从而充分激发区域经济增长的潜力。对这一作用过程的分析，新古典的经济增长模型不失为一个恰当的工具。

　　正如吴敬琏所说，"目前研究中国经济发展的主流分析框架是

72

凯恩斯主义的短期经济分析框架，即将经济增长的动力来源划分为出口、投资和消费。当出口和消费增速下滑，就只能靠投资来提振。但这个框架在研究中长期的经济增长时并不适合，应该用生产函数来作为理论框架较合适。"① 这里的生产函数正是新古典经济增长理论的代表人物——索洛在 20 世纪 50 年代提出的。索洛模型以资本和劳动为变量，演绎分析了长期经济增长的平衡路径。本章将以索洛模型为基础，将土地要素内生化，构建包括土地、资本、劳动在内的三要素经济增长模型，在推演经济增长平衡路径的同时，重点讨论土地要素对区域经济增长的影响，从而解释土地整治促进区域经济增长的内在机理。

4.1.1　三要素模型的假设条件

经典的索洛模型将资本（K）、劳动（L）、知识（A）作为影响经济增长的主要因素。在任何时刻，这些因素在恰当的比例下相互结合，生产出人们需要的产品（用 Y 表示总产出）。索洛用生产函数表达这一过程为：$Y(t) = F[K(t), A(t)L(t)]$。② 其中，t 表示时间，AL 表示影响总产出的实际劳动数量，被称为有效劳动。知识 A 与劳动 L 相乘进入模型，说明该模型中的技术进步为哈罗德中性。

1. 加入土地要素的生产函数

现在，我们认为，土地数量（R）与土地集约利用水平（H）也是影响经济增长必不可少的因素，并将其内生化于经济增长模型当中。事实表明，虽然土地供应量在长期中不变，但单位面积上土

---

① 资料来源：人民网 . http：//theory. people. com. cn/n/2013/0701/c49154 – 22027039. html.

② ［美］戴维·罗默 . 高级宏观经济学（第三版）王根蓓译［M］. 上海财经大学出版社，2009：7.

地集约利用水平的不同会使总产出有明显的差异。因此，土地以 $H(t)R(t)$ 的形式进入模型，表示土地的有效投入数量。

与知识相同，土地集约利用水平 H 与土地数量 R 相乘进入模型，变现为哈罗德中性。[①] 这样，在其他变量与索洛模型一致的前提下，加入土地要素的生产函数形式为：

$$Y(t) = F[K(t), A(t)L(t), H(t)R(t)] \qquad (4.1)$$

2. 关于生产函数的假设

关于生产函数 4-1 的重要假设是，生产函数关于三个自变量（资本、有效劳动、有效土地投入量）是规模报酬不变的。即：

$$F[cK(t), cA(t)L(t), cH(t)R(t)]$$
$$= cF[K(t), A(t)L(t), H(t)R(t)] \ \forall c > 0 \qquad (4.2)$$

在规模报酬不变假设条件下，生产函数可以采用集中的形式来表示。设 (4.2) 式中 $c = 1/AL$，则：

$$\frac{Y(t)}{A(t)L(t)} = F\left[\frac{K(t)}{A(t)L(t)}, 1, \frac{H(t)R(t)}{A(t)L(t)}\right]$$

$$= \frac{1}{A(t)L(t)}F[K(t), A(t)L(t), H(t)R(t)] \qquad (4.3)$$

上式中，定义 $k = K/AL$ 表示单位有效劳动的资本量，$y = Y/AL$ 表示单位有效劳动的产出，$w = HR/AL$ 为单位有效劳动的有效土地投入量，$f[k(t), r(t)]$ 为投入一单位有效劳动时的生产函数，则：

$$y(t) = F[k(t), 1, r(t)] = f[k(t), r(t)] \qquad (4.4)$$

加入土地要素后的集约形式的生产函数满足的条件有：

———————————

① 与技术进步的哈罗德中性一样，如果土地节约集约利用水平以 Y = F (x, HR) 的形式进入，则土地节约集约利用水平被称为哈罗德中性的；如果它以 Y = HF (x, R) 的形式进入，则土地节约集约利用水平被称为希克斯中性的。

$$\forall k(t)>0, f[k(t),0]=0; \forall r(t)>0, f[0,r(t)]=0$$

同时，满足稻田条件：

$$\lim_{k\to0}f_k(k,r)=\infty, \lim_{k\to\infty}f_k(k,r)=0; \lim_{r\to0}f_r(k,r)=\infty, \lim_{r\to\infty}f_r(k,r)=0$$

这些条件说明，当资本量或土地投入数量足够小的时候，资本或土地的边际产品非常大；反之，当投入数量足够大时，边际产品又会非常小，接近于 0。假设函数满足稻田条件的作用是确保经济增长的路径收敛，维持在平衡路径上运行。

3. 投入要素的演进

接下来讨论资本、劳动、知识、土地、土地集约利用水平随着时间的变化呈现何种演进规律。这里，模型的每个变量均在连续时间上定义。

第一，劳动和知识以不变的增长率增长：$\dot{L}(t)=nL(t)$；$\dot{A}(t)=g_A A(t)$（$n>0$、$g_A>0$，且均为外生变量）。其中，由链式法则，有：$L(t)=L(0)e^{nt}$；$A(t)=A(0)e^{g_A t}$。因此，我们的假设是 L 与 A 分别随时间以指数形式增长。

第二，假定土地投入的数量在长期内保持不变，即土地投入要素的增长率为 0：$\dot{R}(t)=0$。而随着时间的变化，土地利用技术逐渐提高，从而使土地集约利用水平逐渐增加，增长率为 g_H（$g_H>0$）。

第三，对于资本存量增长率来说，其多少取决于储蓄率 S 的大小。因为总产出要么用于消费，要么用于储蓄。其中，储蓄的部分用于投资，积累资本，具体来说，$S(t)=sY(t)$，s 为外生变量且 $0<s<1$。同时，资本在经济运行过程中会产生一定的损耗，使资本存量减少，其减少的速率取决于资本折旧率 δ（$\delta>0$，且为外生变量）。这样，资本 K 的演化便可以表示为：$\dot{K}(t)=sY(t)-\delta K(t)$。

4.1.2　要素动态均衡分析

在上述模型的前提假设下分析经济的运行情况，需要分别对资本、产出和消费的动态均衡进行阐述，从而更加清晰地刻画经济行为的特征。

1. 资本的动态均衡

根据索洛模型的分析经验，分析资本存量的动态均衡时，将单位有效劳动的资本存量 k 作为分析对象会更加直观、容易。由于 $k(t) = K(t)/[A(t)L(t)]$，根据链式法则：

$$\dot{k}(t) = \frac{\dot{K}(t)}{A(t)L(t)} - \frac{K(t)}{[A(t)L(t)]^2}[A(t)\dot{L}(t) + \dot{A}(t)L(t)]$$

$$= \frac{\dot{K}(t)}{A(t)L(t)} - \frac{K(t)}{A(t)L(t)} \cdot \frac{\dot{L}(t)}{L(t)} - \frac{K(t)}{A(t)L(t)} \cdot \frac{\dot{A}(t)}{A(t)}$$

$$= \frac{sY(t) - sk(t)}{A(t)L(t)} - nk(t) - g_A k(t)$$

$$= sY(t) - (n + g_A + \delta)k(t) \tag{4.5}$$

由 $\dot{k}(t) = sY(t) - (n + g_A + \delta)k(t)$ 可知，当 $sY(t) = (n + g_A + \delta)k(t)$ 时，$k = k^*$，$\dot{k}(t) = 0$，$y^* = (n + g_A + \delta)k^*/s$，土地投入数量已经达到长期的稳定状态，即 $R = R^*$，经济在（y^*，k^*，R^*）的平衡增长路径上运行。此时，劳动与知识分别以速率 n 和 g 增长。

由 $K(t) = k(t)A(t)L(t)$，则资本存量的增长速率为：

$$\frac{\dot{K}(t)}{K(t)} = \frac{\dot{k}(t)}{k(t)} + \frac{\dot{A}(t)}{A(t)} + \frac{\dot{L}(t)}{L(t)} = \frac{\dot{k}(t)}{k(t)} + n + g_A \tag{4.6}$$

由于经济增长达到均衡时，$\dot{k}(t) = 0$，因此，资本和有效劳动

均以 $n + g_A$ 的速率增长。

2. 总产出的动态均衡

根据模型的最初设定:$Y(t) = F[K(t), A(t)L(t), B(t)H(t)]$,对 t 求导可得:

$$\dot{Y}(t) = \frac{\partial Y(t)}{\partial K(t)}\dot{K}(t) + \frac{\partial Y(t)}{\partial L(t)}\dot{L}(t) + \frac{\partial Y(t)}{\partial A(t)}\dot{A}(t)$$

$$+ \frac{\partial Y(t)}{\partial R(t)}\dot{R}(t) + \frac{\partial Y(t)}{\partial H(t)}\dot{H}(t) \qquad (4.7)$$

式 (4.7) 中,$\partial Y(t)/\partial L(t)$、$\partial Y(t)/\partial A(t)$、$\partial Y(t)/\partial R(t)$、$\partial Y(t)/\partial H(t)$ 分别表示 $[\partial Y/\partial(AL)]A$、$[\partial Y/\partial(AL)]L$、$[\partial Y/\partial(HR)]H$、$[\partial Y/\partial(HR)]R$。

已知经济增长达到平衡时,$\dot{K}(t)/K(t) = n + g_A$,$\dot{R}(t) = 0$。式 (4.7) 两边同时除以 $Y(t)$,可得:

$$\frac{\dot{Y}(t)}{Y(t)} = \frac{\partial Y(t)}{\partial K(t)} \cdot \frac{\dot{K}(t)}{Y(t)} + \frac{\partial Y(t)}{\partial L(t)} \cdot \frac{\dot{L}(t)}{Y(t)} + \frac{\partial Y(t)}{\partial A(t)} \cdot \frac{\dot{A}(t)}{Y(t)}$$

$$+ \frac{\partial Y(t)}{\partial R(t)} \cdot \frac{\dot{R}(t)}{Y(t)} + \frac{\partial Y(t)}{\partial H(t)} \cdot \frac{\dot{H}(t)}{Y(t)}$$

$$= \frac{\partial Y(t)}{\partial K(t)} \cdot \frac{K(t)}{Y(t)} \cdot \frac{\dot{K}(t)}{K(t)} + \frac{\partial Y(t)}{\partial L(t)} \cdot \frac{L(t)}{Y(t)} \cdot \frac{\dot{L}(t)}{L(t)}$$

$$+ \frac{\partial Y(t)}{\partial A(t)} \cdot \frac{A(t)}{Y(t)} \cdot \frac{\dot{A}(t)}{A(t)} + \frac{\partial Y(t)}{\partial R(t)} \cdot \frac{R(t)}{Y(t)} \cdot \frac{\dot{R}(t)}{R(t)}$$

$$+ \frac{\partial Y(t)}{\partial H(t)} \cdot \frac{H(t)}{Y(t)} \cdot \frac{\dot{H}(t)}{H(t)}$$

$$= \alpha_K(t)(n + g_A) + \alpha_L(t)n + \alpha_A(t)g_A + \alpha_H(t)g_H \qquad (4.8)$$

其中,$\alpha_K(t)$ 为总产出的资本弹性、$\alpha_L(t)$ 为总产出的劳动弹性、$\alpha_R(t) = [\partial Y(t)/\partial R(t)] \cdot [R(t)/Y(t)]$ 为总产出的土地

弹性；且 $\alpha_K(t) + \alpha_L(t) + \alpha_R(t) = 1$。

特别地，对于柯布道格拉斯生产函数：

$$Y = K^{\alpha}(AL)^{\beta}(HR)^{\gamma} \quad \alpha,\ \beta,\ \gamma > 0 \ 且 \ \alpha + \beta + \gamma = 1$$

有：$\alpha_K(t) = \alpha$，$\alpha_L(t) = \beta$，$\alpha_R(t) = \gamma$

由于哈罗德中性假说，$\alpha_L(t) = \alpha_A(t)$、$\alpha_R(t) = \alpha_H(t)$，那么关于总产出增长率的表达式可以经过合并同类项后得到以下的简化结果：

$$\frac{\dot{Y}(t)}{Y(t)} = [1 - \alpha_R(t)](n + g_A) + \alpha_R(t)g_H \tag{4.9}$$

由式（4.9）可知，当经济增长达到（y^*，k^*，R^*）的平衡以后，总产出的增长率保持稳定，等于 $[1 - \alpha_R(t)](n + g_A) + \alpha_R(t)g_H$。可见，影响平衡时总产出增长率的因素有劳动增长率 n、知识增长率 g_A 以及土地集约利用水平增长率 g_H。如果假定土地集约利用效率的提高来自知识的提高，即 $g_A = g_H$，那么：

$$\frac{\dot{Y}(t)}{Y(t)} = [1 - \alpha_R(t)]n + g \tag{4.10}$$

式（4.10）反映出人口增长率、知识增长率对总产出的增长率有正向的带动作用，当劳动增长率、知识增长率增加，则总产出的增长率也同时增加；而总产出对土地的弹性对于总产出增长率的影响是反向的。当总产出的土地弹性减小，即经济对于土地的依赖程度减小时，总产出增长率会提高；反之，对于土地依赖程度越高，土地资源短缺对于经济的影响就会越大，造成总产出增长率的下降。

3. 人均总产出的动态均衡

下面讨论平衡增长路径下人均总产出的动态均衡。人均总产出由 $\bar{y}$ 表示，$\bar{y}(t) = Y(t)/L(t)$，则：

$$\frac{\dot{\overline{y}}(t)}{\overline{y}(t)} = \frac{d\ln\overline{y}(t)}{dt} = \frac{d\ln Y(t)}{dt} - \frac{d\ln L(t)}{dt}$$

$$= \frac{\dot{Y}(t)}{Y(t)} - \frac{\dot{L}(t)}{L(t)}$$

$$= (g_H - g_A - n)\alpha_R(t) + g_A \qquad (4.11)$$

由式 (4.11) 可知, 当 $\dot{\overline{y}}(t)/\overline{y}(t) = 0$, 即 $g_H = n - [1 - \alpha_R(t)/\alpha_R(t)]g_A$ 时, 人均产出以固定的速率增长; 当 $\dot{\overline{y}}(t)/\overline{y}(t) < 0$, 即 $g_H < n - [1 - \alpha_R(t)/\alpha_R(t)]g_A$ 时, 人均产出的增长率随时间不断加快; 当 $\dot{\overline{y}}(t)/\overline{y}(t) < 0$, 即 $g_H < n - [1 - \alpha_R(t)/\alpha_R(t)]g_A$ 时, 人均产出的增长率随时间不断减慢。另 $g_H{}^* = n - [1 - \alpha_R(t)/\alpha_R(t)]g_A$, $g_H{}^*$ 表示维持人均产出不减速的最低土地集约利用水平增长率。

Solow 模型中, 当经济达到均衡状态时, 人均总产出以 g_A 的不变速率增长。而加入土地要素之后, 人均总产出的大小取决于 n、$\alpha_R(t)$、g_A、g_H 的共同作用。假定 $g_H = g_A = g$, 人均产出的增长率 $\dot{\overline{y}}(t)/\overline{y}(t) = g - \alpha_R(t)n$。这说明单位人均总产出与知识增长率、总产出的土地弹性以及劳动增长率有关。中间的减号表示知识的增长必须抵消人均土地投入数量的减少, 才能保证人均总产出保持固定的增长率。

4. 有效人均总产出的动态均衡

在讨论有效人均总产出的均衡路径之前, 首先分析单位有效劳动需要的有效土地投入数量 $r(t)$。在经济达到平衡增长后, $r(t) = H(t)R(t)/A(t)L(t)$。则其动态均衡路径如下:

$$\frac{\dot{r}(t)}{r(t)} = \frac{R(t)}{A(t)L(t)} \cdot \frac{\dot{H}(t)}{r(t)} + \frac{H(t)}{A(t)L(t)} \cdot \frac{\dot{R}(t)}{r(t)} - \frac{H(t)R(t)}{A(t)^2 L(t)} \cdot \frac{\dot{A}(t)}{r(t)}$$

$$-\frac{H(t)R(t)}{L(t)^2 A(t)} \cdot \frac{\dot{L}(t)}{r(t)}$$

$$= g_H - g_A - n \qquad (4.12)$$

由于经济增长进入平衡以后，$\dot{k}(t) = 0$，则有效人均产出 $y(t) = Y(t)/[A(t)L(t)] = f[k(t),r(t)]$ 的平衡增长路径为：

$$\frac{\dot{y}(t)}{y(t)} = \frac{\partial y(t)}{\partial k(t)} \cdot \frac{\dot{k}(t)}{y(t)} + \frac{\partial y(t)}{\partial r(t)} \cdot \frac{\dot{r}(t)}{y(t)}$$

$$= \frac{\partial y(t)}{\partial r(t)} \cdot \frac{r(t)}{y(t)} \cdot \frac{\dot{r}(t)}{r(t)}$$

$$= \alpha_R(t)(g_H - g_A - n) \qquad (4.13)$$

从长期来看，当经济增长走上平衡增长路径的时候，土地投入总量固定不变。有效劳动力的持续增长使得有效人均土地投入量持续降低。这时，土地集约利用水平的增长率对于有效人均总产出来说，就具有了无可替代的意义。当 $g_H = g_A + n$ 时，土地集约利用水平的增长恰好抵消了由于人口增长所带来的有效人均土地投入量的减少，从而使有效人均总产出的增长率保持稳定；当 $g_H > g_A + n$ 时，土地集约利用水平的快速增长为有效人均总产出带来了红利，使其增长率不断提高；当 $g_H < g_A + n$ 时，土地集约利用水平的增长不足以弥补由于人口增长所带来的有效人均土地投入量的减少，造成了有效人均总产出增长率的持续减少。

4.1.3　土地整治促进区域经济增长的模型解释

在索洛模型中，不论要素的起始点在哪，经济最终都会收敛于平衡增长路径。此时，有效人均资本为 k^* 并保持不变，变量的增长率为常数，人均总产出取决于技术进步的增长率。但在加入了土地要素后的三要素经济增长模型中，当有效人均资本维持在 k^* 并保持不变时，经济进入平衡增长路径。在 $g_A = g_H$ 的假定下，有以下结论：总产出的增长率取决于人口增长率、知识增长率和总产出的土地弹性三个因素，前两个因素对总产出增长率有正向作用，第三个因素有反向作用，即经济对于土地的依赖程度越小，总产出的增长率就会越高；人均总产出与知识增长率、总产出的土地弹性以及劳动增长率有关，且知识的增长必须抵消人均土地投入数量的减少，才能保证人均总产出保持固定的增长率；有效人均总产出由于土地增长率小于人口增长率而呈递减趋势。如果放开 $g_A = g_H$ 的假定，那么土地集约利用水平的增长率对于有效人均总产出来说，便具有了无可替代的意义，这时，必须保证土地集约利用水平的增长可以弥补由于人口增长所带来的有效人均土地投入量的减少，才能防止有效人均产出的减少。

可见，不论是否放开 $g_A = g_H$ 的假定，土地整治对于区域经济增长的作用都是十分重要的。具体来说，在 $g_A = g_H$ 的假定下，土地整治通过增加有效土地数量，削弱了有效人均总产出由于土地增长率小于人口增长率而呈现出的递减趋势，保证了人均总产出的增长率；在放开 $g_A = g_H$ 的假定后，土地整治通过提高土地的集约利用程度，使土地集约利用水平的增长可以弥补由于人口增长所带来的有效人均土地投入量的减少，从而防止了有效人均产出的减少。总之，在三要素模型的分析框架下，土地整治对于维持区域总产出的增长速度具有重要的甚至是无可替代的作用。

4.2　土地整治缩小区域差距的机理
——基于存量—流量模型的解释

土地整治的主要任务是盘活存量土地，优化流量土地。所谓存量土地，即已经开发利用的土地；相应地，流量土地指未经开发利用的土地。一旦流量土地被投放使用，便实现了流量土地存量化的过程。土地整治通过农用地整理、城乡建设用地整治，土地复垦等方式将存量土地激活，通过科学规划，谨慎开发未利用地以及城乡建设用地增减挂钩政策的实施等途径确保流量土地的边际效益最大化。

目前，我国在存量土地的使用和通过征用、开发增加流量土地方面存在着诸多问题。首先，我国面临着严重的土地短缺问题，人均耕地面积逐年下降，城市建设用地供不应求，造成这个问题的一个重要原因就是未能充分、有效地利用存量土地，一味促使流量土地存量化，给区域土地的可持续利用造成了极大的威胁。其次，由于城乡土地市场的分割，使农村无法从农地被征用后流量土地的增值部分中获得应有的补偿，使城乡地价相去甚远，农村经济发展水平远滞后于城市，城乡居民收入差距越来越大，不利于城乡统筹发展目标的实现。最后，各地由于资源禀赋和城市化速度的差异，土地存量市场和流量市场展现出不同状态。有的地方城市化速度快，对建设用地的需求量大，存量土地几乎竭尽，从而使大量的需求挤入流量市场，迅速抬高了土地价格；而有的地方城市化速度较缓，存量土地市场尚且供大于求，土地价格必定没有上涨的机会。可见，封闭的土地市场使得区域经济的差距不但得不到缓解，反而越来越大，而且伴随着严重的生态破坏，这大大阻碍了区域经济协调发展的进程。

相对于以往的土地开发利用理念，土地整治更强调土地的节约集约利用，注重对存量土地的有机整合，提高其使用效率，缓解了用地短缺的问题；同时，结合城乡建设用地增减挂钩政策，通过存量—流量市场机制的作用，将城乡两个土地市场紧密连接，将不同地区的土地市场紧密融合，缩小了城乡和地区间的差距，促进区域经济增长和生态保护的双向推进，突破了区域经济协调发展的瓶颈。

本章将对传统的土地存量—流量模型进行改进，并基于改进的模型，阐释土地整治对于发达地区和欠发达地区土地市场的作用机制，从而揭示土地整治对于缩小区域差距的作用机理。

4.2.1 土地市场存量—流量模型及其改进

1. 传统的土地市场存量—流量模型

土地作为一种特殊的生产资本，除了具有由其自身物理形态决定的不可毁灭性、不可移动性以外，还具有投入的长期性和收益的持续性。也就是说，在长期对土地进行投资的前提下，土地便会长久地服务于经济体的生产活动，进而持续地带来收益。这些特有的属性决定了在分析土地市场均衡以及土地投资等问题时需区别土地的存量市场和流量市场，其中，存量市场是已经投入生产活动中的土地组成的市场，而流量市场是未经开发利用的土地组成的市场。

（1）存量—流量模型的市场调节。

图 4-1 所示为土地市场的存量—流量模型，横轴代表土地的数量，纵轴代表土地的价格。坐标轴的左侧表示存量市场，存量市场的土地数量用 R_n 表示；右侧表示流量市场，相应的土地数量用 R_m 表示。存量市场是长期均衡市场，供给量固定不变，因此供给曲线 S_n 没有弹性，需求曲线为 D_n，S_n 与 D_n 相交于 E^*，长期均衡地价为 P^*，均衡土地数量为 R^*。已知土地市场的价格由流量市场决定，假设流量市场的供求曲线分别为 S_m 和 D_1，土地价格为 P_1，且 $P_1 < P^*$，此时存量市场上会出现过度需求，过度需求量为 $R^* R_1$；由于存量市场上的供给无法满足，因此这些过度需求转向流量市场中，进而使需求曲线 D_1 向右移动至 D_2，价格上升为 P_2，此时 P_2 仍小于 P^*，从而使需求曲线继续向右移动。这一过程一直持续到过度需求将需求曲线推动至 D_m 处，即 $R^* R_1 = R_2 R_4$，此时，土地市场短期均衡价格等于长期均衡价格 P^*，市场处于均衡状态，土地投入量为 R_4。假设流量市场的需求曲线为 D_3，土地价格为 P_3，$P_3 > P^*$，此时，存量市场上出现过度供给 $R_5 R^*$，从而将流量

市场中的一部分需求吸收，使流量市场的需求曲线不断向左移动，最后到达 D_m 处，实现两个市场的均衡价格相同。

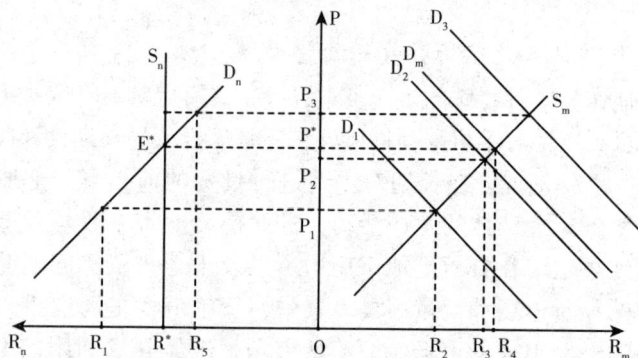

图 4 - 1　土地市场的存量—流量模型

从以上分析可知，土地市场的价格机制会自动调节土地流量市场的需求，当市场价格低于均衡价格时，将存量市场中的过度需求转移到流量市场中；当市场价格高于均衡价格时，流量市场的一部分需求由存量市场来消化，最终达到市场均衡状态。

（2）存量—流量模型的政府调节。

除了市场的自发调节以外，政府在土地市场从供需失衡状态到供需平衡状态的过程中也起到了很重要的作用。如图 4 - 2 所示，当外界原因推高了土地的需求（需求曲线为 D_1），使得土地流量市场的价格高于存量市场的均衡价格时，存量市场上的供给大于需求，此时存量市场吸收一部分流量市场的需求，使需求曲线由 D_1 移动至 D_2；同时，政府采取相应的政策，例如降低购房补贴或者提高相关土地使用税等，这些政策缩减了市场调节的速度，使需求曲线很快移动至 D_m，从而价格回归至 P^*。

相反，当外界原因减少了土地的需求（需求曲线为 D_3），使得土地存量市场的均衡价格低于流量市场，存量市场上的供给小于需求，此时存量市场将超额的需求量转移至流量市场，促使流量

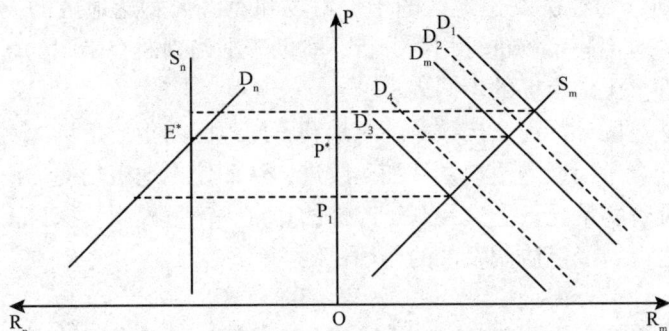

图 4 - 2　土地存量—流量市场的政府调节

市场上的需求曲线由 D_3 向右移动至 D_4；同时，政府一方面加大基础设施建设，另一方面实行多项补贴鼓励工业企业建立厂房、鼓励居民购房等，从而使需求增加，弥补供需差额，达到均衡状态。

可见，在土地市场的调节过程中，政府起到了推手的作用，与市场的自发力量形成合力，使市场在供需失衡的情况下，尽快将其拉回到均衡状态。

2. 改进的存量—流量模型

上述的存量—流量模型假设存量市场和流量市场上的土地是同质的、无差别的，但在实际中，有些土地可以马上投入使用并获得较高收益，而有些却处于废弃状态或者产出较低，如存量市场上的工矿废弃地、灾毁地、损毁地，流量市场上位置偏远、不宜生产的土地等。因此，本书将存量土地划分为高效存量土地（用 R'_n 表示）和低效存量土地，将流量土地划分为高效流量土地（用 R'_m 表示）和低效流量土地。

除了土地的产出效益有明显不同以外，土地不可流动的特性决定了土地市场也具有明显的区域差别，例如北京、上海等经济发达地区的地价远高于西部偏远地区的地价。因此，本书将土地市场进一步划分为经济发达地区的土地市场和经济欠发达地区的土地市场。针对不同市场进行均衡分析，有助于准确判断在不同的区域经济条件下土地市场的不同表现。

通过区分不同产出效益的土地和不同地区的土地市场，对传统存量—流量模型的假设条件加以改进，从而使土地市场的均衡分析更贴近现实情况。下文将基于改进的存量—流量模型，探讨土地整治促进区域经济协调发展的作用机制。

4.2.2 土地整治对发达地区土地市场的作用机制

总体上来看，土地整治的主要任务是"盘活存量，优化流量"，提高土地利用效率。但从经济发展水平不同的地区来看，土地整治可通过不同的作用机制有效解决各地所面临的不同问题。对于经济发达地区，土地整治通过"盘活存量"大大缓解了用地紧张以及地价攀升的局面；而对于经济欠发达地区，土地整治通过与城乡建设用地增减挂钩结合，将剩余的建设用地指标有偿让与其他地区使用，从而解决了土地廉价、需求不足、资金短缺等问题。本节与下一节将分别这两种情况进行阐释。

图 4-3 所示为改进的经济发达地区土地市场存量—流量模型，图的左侧表示由高效存量土地组成的土地存量市场，图的右侧表示由高效流量土地组成的土地流量市场。在土地整治之前，存量市场上土地的供给曲线为 S_n，高效存量土地的供给数量为 R'_1。由于经济发达地区的土地需求量大，均衡价格必然被抬高（如图 4-3 中 P_1 所示）。土地整治后，原先低效的存量土地经过建设用地的整治、工矿废弃地的复垦后转变为可直接投入生产的高效土地，因此，高效存量土地的供给增加，在图 4-3 中表现为供给曲线向左移动至 S'_n。假设土地的需求不发生变化，则长期均衡价格由 P_1^* 下降至 P_2^*，均衡状态下的土地数量由 R'_1 增加至 R'_2。

接下来，分析土地整治对流量市场的作用机制。由于土地整治

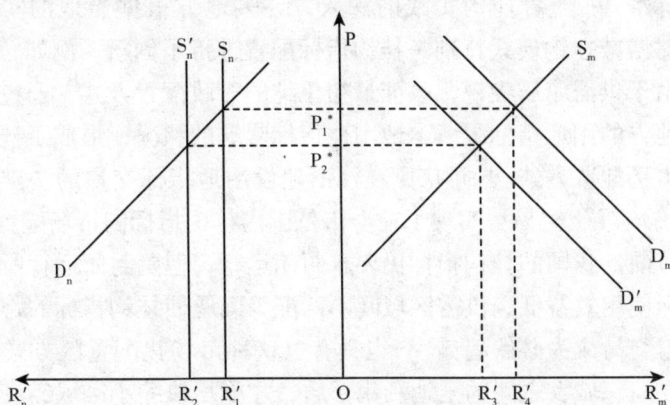

图 4 - 3　经济发达地区土地市场的存量—流量模型

增加了存量市场上的有效供给量，因此存量市场将流量市场上的一部分需求消化，从而减少了流量市场上的土地需求量，在图 4 - 3 中表现为流量市场上的需求曲线由 D_m 移动至 D'_m。假设供给曲线 S'_m 不变，那么土地的均衡数量由 R'_3 减少至 R'_4，且 $R'_1 R'_2 = R'_3 R'_4$，均衡价格由 P_1^* 下降至 P_2^*，实现了土地存量市场和流量市场上新的均衡价格，即 P_2^* = 短期均衡价格 = 长期均衡价格。

4.2.3　土地整治对欠发达地区土地市场的作用机制

　　土地整治对经济欠发达地区土地市场的作用是通过与城乡建设用地增减挂钩政策相结合而实现的。[①] 城乡建设用地增减挂钩是指拟整理复垦为耕地的农村建设用地地块和拟用于城镇建设的地块共同组成建新拆旧项目区，且两地块面积相等。而相应的增减挂钩周转指标，就是建新地块的规模，同时也是拆旧地块整理复垦耕地面

---

　　① 李旺君，吕昌河. 我国城乡建设用地增减挂钩透视 [J]. 中国农业资源与区划，2013（3）：16 - 21.

积的标准。[①] 随着挂钩实践的深入，许多地方根据当地的实际情况，对增减挂钩模式特别是挂钩指标配置进行了创新。例如，江浙地区由于供需矛盾尖锐，改变最初单纯的行政配置方式，通过购买其他地方的用地指标缓解本地用地指标紧缺的状况，形成了挂钩指标的市场配置方式。[②] 重庆则在江浙建设用地指标交易的基础上进行了"地票"交易，实现了在全市范围内挂钩指标的市场配置。[③]

目前，我国的挂钩指标仍要求封闭运行，但是封闭运行所产生的指标使用效益低、供需区域间不匹配等问题使挂钩指标的跨区域合作与交易成为必然趋势。[④] 也只有以这种市场化配置的方式解决区域之间、城乡之间的土地利用矛盾，才能尽快缩小区域经济差距和城乡差距，实现欠发达地区土地市场健康、快速地发展。下文将着重分析土地整治与城乡建设用地增减挂钩相结合促进欠发达地区土地市场发育的实现机制。

图4-4所示为欠发达地区土地市场的存量—流量模型。S_n 和 D_n 分别为整治前存量市场的供给曲线和需求曲线。与发达地区相同，经过土地整治后，高效土地的供给增加，表现为图4-4中供给曲线向左移动至 S''_n，土地价格由 P_1^* 下降至 P_2。由于经济欠发达地区存在劳动力输出的情况，使当地大量农村建设用地处于闲置状态，甚至出现"空心村"，这些土地经过整治后可以复垦出大量的耕地，但由于资金短缺，在当地直接挂钩的动力不足，因此，在允许挂钩指标跨区域合作与流转的前提下，欠发达地区的这些结余

① 张宇，欧名豪. 钩，该怎么挂——对城镇建设用地增加与农村建设用地减少相挂钩政策的思考 [J]. 中国土地，2006 (3)：23-24.
② 刘荣华. 鱼游稻花间——浙江省青田县龙现村"稻田养鱼"土地整治模式探讨 [J]. 中国土地，2012 (6)：48-49.
③ 吴义茂. 建设用地挂钩指标交易的困境与规划建设用地流转——以重庆"地票"交易为例 [J]. 中国土地科学，2010 (9)：24-28.
④ 李效顺，曲福田，郧文聚. 中国建设用地增量时空配置分析——基于耕地资源损失计量反演下的考察 [J]. 中国农村经济，2009 (4)：4-16.

指标便可以通过公开招标等方式卖给经济发达地区，实现双方的共赢。于是，长期来看，发达地区的土地供给越紧缺，对欠发达地区周转指标的需求就越多，这里假设需求增加的幅度大于供给增加的幅度，则在图 4-4 中就表现为存量市场上的需求曲线由 D_n 向左移动至 D''_n，从而使均衡价格由 P_2 上升至 P_3^*，且 $P_3^* > P_1^*$，相应地，均衡数量由 R''_1 增加至 R''_2。

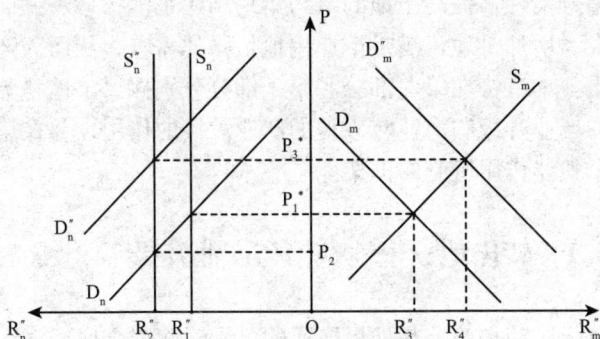

图 4-4　经济欠发达地区土地市场的存量—流量模型

由于存量市场上土地需求的增加超过了供给的增加，使一部分需求转移至流量市场上，需求曲线由 D_m 向右移动至 D''_m，假设供给不变，则均衡价格由 P_1^* 上升至 P_3^*，均衡数量由 R''_3 增加至 R''_4，从而实现了土地存量市场和流量市场上新的均衡价格，即 P_3^* ＝短期均衡价格 ＝长期均衡价格。

4.3　土地整治促进产业转移的机理

产业是区域经济发展的重要支撑，区域产业结构的调整和优化不仅是提高区域整体竞争力的必要手段，更是促进区域经济协调发展的有效措施。通过产业在不同地区间的转移，可以实现转出地的产业升级和转入地的产业承接，① 为落后地区的经济起飞提供渠道，同时也能够增强地区之间的互动联系，改善区域分工格局。

产业转移对于区域经济协调发展的推动作用离不开产业发展空间的支持，特别是在目前土地资源严重短缺的情况下，为产业升级和产业承接找到合适的地块已成为产业转移过程中面临的重要问题。土地整治正是解决这一困难的有效途径：一方面，通过对存量土地的整合治理，提高土地的节约集约利用水平；另一方面，通过有序开发，增加供地，满足产业用地扩张的需求，从而为产业转移扫清障碍。本节将在第一部分和第二部分分别探讨土地整治对产业转出地的产业升级和产业转入地的产业承接的作用，并在第三部分给出一个整体作用机制的框架。

4.3.1　转出地：土地整治与产业升级

任何区域都是一个与外界连通的单元。随着全球经济交往的日益密切，区域之间的分工与合作也在不断加深，以产业价值链为主线的区域专业化分工已经成为各地经济发展的主要模式。区域在全球价值链中所处的位置直接决定了该区域产出的附加价值。一般来说，产业价值链的最低端是生产制造环节，这一环节的附加值最低，因此，处在这一个节点的区域，其产业的收益率最低；而产品创新研发、品牌管理等环节处于价值链的最顶端，从事这一分工的区域，其产业收益率最高，对整个产业链的影响也最大，对下游的所有生产活动具有控制和指导作用。② 所以，区域产业发展的目标都是通过资本、技术等的不断积累，以产业升级的方式获得由产业链

---

① 由于发达地区与欠发达地区之间在经济发展水平上存在着明显的差距，所以一般性的产业很难实现由欠发达地区向发达地区转移，因此，本书主要就发达地区向欠发达地区的产业转移进行分析，文中的转出地即为发达地区，转入地为欠发达地区。

② 黄伟，基于产业转移的土地集约利用研究——以广东省为例，国土资源科技管理，2010（第3期，27卷）：1-8。

低端向高端迈进的机会，提高本区域在国际分工中的地位，为本区域寻求更广阔的发展空间，而这也正是产业转移的主要动力之一。发达地区在产业发展到一定阶段，产业升级的条件成熟时，会将现有产业转移出去，"腾笼换鸟"，为更高端的产业留出足够的发展空间。

在产业升级的过程中，土地是重要的支撑要素，在产业优化升级的同时也对土地资源的优化配置提出了更高的要求。而且，相比于其他生产要素，土地具有不可转移的特征，因此，土地对于产业升级的支撑只能依靠土地生产效率的提高和对周边土地的开发。但是，在发达地区建设用地供应紧缺的形势下，建设用地规模的扩大很难实现，所以只能转变现有的土地利用方式，由粗放利用向集约利用转变。换句话说，产业升级就是在有限的土地上生产更高附加值的产品，实现主导产业的更替，使土地利用方式适应升级之后的产业内容，提高土地的节约集约利用水平。

图 4-5 所示为产业升级与土地节约集约利用水平的变动关系，图中主导产业的升级呈现出阶梯上升的方式，其顺序是：农业→劳动密集型工业→资金密集型工业→服务、技术型产业→知识（信息）产业，相对应的区域为农业化区域、工业化区域和知识（信息）化区域。随着产业由农业向知识产业的不断升级，土地的节约集约利用水平呈现不断上升的趋势，即单位土地的产出不断增加。

发达地区的产业升级对土地节约集约利用提出了更高的要求，而土地整治正是通过对土地利用方式的改变，促进了土地的节约集约利用程度。具体来说，土地整治通过盘活土地存量、优化土地流量，一方面，将原产业发展过程中形成的闲置、废弃土地重新复垦、整理，与现有土地合并，扩大产业有效用地面积；另一方面，在合理规划区域产业用地的基础上，调整土地利用结构，科学安置企业，使其充分享受便利的交通与完善的配套设施，促进产业集群的形成，发挥规模经济与集聚经济的作用，降低企业生产成本，从而推动产业转型升级，加快产业向落后地区转移的速度。

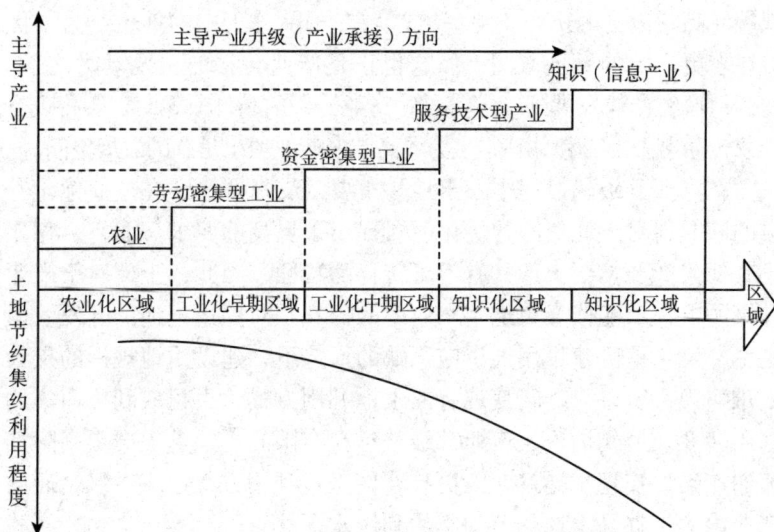

图 4 – 5　产业升级与土地节约集约利用水平的变动关系

　　注：本图是在娄晓黎（2004）博士论文第54页"地域梯级分工模型图示"的基础上修改而成。

4.3.2　转入地：土地整治与产业承接

　　产业转移对于转出产业的经济发达地区和转入产业的经济欠发达地区均具有重要的作用。对于转入产业的欠发达地区来说，产业转入的同时也带来了大量的资本和先进的技术，弥补了转入地区在高等要素上短缺的不足，这些高等要素流入该地区以后，与其优势资源（自然资源、劳动力资源等）迅速结合，极大增强了欠发达地区的经济发展动力，促进其经济的快速起飞。同时，由发达地区移入欠发达地区的产业，通常都会成为欠发达地区的主导产业，从而以前向、后向、旁侧关联的方式带动其他产业的发展，在很大程度上拉动了区域整体的提升。此外，在优化产业结构、形成市场竞争等许多方面，产业转移都对欠发达地区发挥了正向的带动作用，大大提高了经济运行效率，加快了经济增长的速度，从而逐步缩小与发达地区的经济差距，为区域经济的协调发展注入持久的动力。

但是，我国中西部地区在承接东部地区产业转移的过程中仍存在许多问题，这些问题阻碍了产业转移的进程，影响了中西部地区崛起的速度。孙久文（2012）将这些问题总结归纳为四个方面，分别是：投资环境较差、承担环境污染转移的代价、内生发展机制不完善和区域间利益协调机制尚未建立。① 对于前两个问题来说，土地整治无疑提供了解决的方法，而这也正是土地整治为什么可以促进转入地区产业承接的原因。以下从两个方面具体进行阐述。

第一，产业转入地区的交通运输、产业配套设施、公共服务等各方面都比较落后，不能满足东部地区计划移入的产业对于投资硬环境的要求，找不到合适的落地环境，产业就无法顺利承接。土地整治通过土地的复垦和开发，② 将交通干线周围、城区周边等那些基础设施比较优越的空间进行整合，恢复废弃地、闲置地、损毁地的生产、建设功能，提高土地的节约集约利用程度，使这些土地可以成片、成规模地利用，为产业的转入留出足够的空间。

第二，在工业化进程中，发达地区的生态环境遭到了较严重的污染。随着民众对改善环境的诉求，发达地区不断减少污染型产业的数量，加大对绿色产业的投入比重。而欠发达地区却成为这些污染企业的环境避难所，它们在引入这些污染型产业的同时，也为本地区引入了环境污染的隐患。在这个问题上，土地整治发挥了"治理"与"引导"的双重功效。一方面，对于污染型产业已经造成的环境破坏问题，土地整治可以进行恢复和治理，增强转入地的

① 孙久文，胡安俊，陈林. 中西部承接产业转移的现状、问题与策略 [J]. 甘肃社会科学，2012（3）：175 - 178.

② 项锦雯. 产业转移与土地集约利用耦合机理及协调发展研究——以皖江示范区为例 [J]. 农业经济问题，2012（6）：61 - 65.

资源环境承载力；另一方面，在引导绿色产业发展方面，土地整治通过保护生态用地、景观用地，改善当地的自然生态环境和生活居住条件，打造美丽、整洁、舒适的区域形象，从而为优质、绿色产业的引入提供了良好的环境基础，为该地区的产业转型升级指引了道路。可以说，土地整治是欠发达地区产业承接的一道绿色屏障。

从以上分析可见，土地整治在欠发达地区承接产业转移的过程中发挥了非常重要的作用，不但满足了产业转移对承接地发展空间和投资环境的要求，同时也保障了生态环境不因产业的移入而恶化，促进了产业转入地区对产业的理性承接。

4.3.3　土地整治对产业转移全过程的促进作用

前述分析了土地整治对产业转出地的产业升级和转入地的产业承接的影响，接下来，将着重探讨土地整治对于产业转移整个过程的作用机理。产业转移的实现主要经历了"前期"对转入地的选择，"中期"要素流动、产业承接以及"后期"转出地和转入地的产业升级三个阶段。土地整治对这三个阶段的影响主要体现在三个方面：（1）促进转入地以较好的区位、环境条件吸引产业；（2）满足转出地在产业升级的过程中对于土地节约集约利用和产业集聚的需要；（3）解决转入地在承接产业时遇到的落地空间不足、生态环境恶化等问题。第二点、第三点已经在前文分别阐述，下面主要分析土地整治对产业转移前期的影响。

产业转入地的选址是产业转移过程的第一步，也是最重要的一步，能否选对、选好承接地点，直接决定了后续转入地的产业落地、产业结构调整以及产业升级的效果。产业选址是一个转出地和转入地双向选择的过程。对于转出地来说，主要根据被转移产业所需要的生产要素以及区位、环境条件选择与产业匹配度较高的地点。例如，矿产、石油加工等资源依赖型产业主要看中转入地的资源储量、配套设施；技术型产业更看重转入地的企业集中程度、市场秩序。对于转入地来说，则主要根据本地的经济发展总体情况以及现有产业的构成，选择对现有产业具有较强关联带动作用的产业。但如何才能吸引这类产业转入本地？这就需要在空间布局、产业配套设施、产业集聚程度等方面提前做好准备，增强本地的竞争力。而土地整治恰恰是优化区域空间布局、促进产业集聚、提高土地节约集约利用程度的重要手段。通过集中分散的土地、重组配置不合理的土地、整理粗放利用的土地，实现区域整体空间格局的优化，为产业的进入创造一个良好的用地环境，从而大大增强该地区的吸引力。

由此可见，土地整治除了能够解决产业转移过程中的用地问题以外，还能够有目的地提前营造产业落地环境，加大转移双方"互选"成功的概率，增加产业与承接地的匹配度，有效避免产业落地后的种种不适应，提高产业转移的效率。

至此，土地整治对于产业转移的作用机理已基本理清，为了更清晰地展现，可用图 4 - 6 来表示。产业转移前期，转出地与转入地进行双向选择，转入地通过土地整治优化区域空间格局，形成良好的投资环境，吸引与本地区匹配度较高的产业落地，提高产业转移的效率。产业转移中、后期，土地整治对转出地的产业升级和转入地的产业承接都发挥了积极的作用：对于转出地来说，土地整治可扩大产业有效用地面积，提高土地节约集约利用程度，在合理规划区域产业用地的基础上，促进产业集群的形成，从而充分发挥规模经济与集聚经济的作用，驱动产业的快速升级；对于转出地来说，土地整治一方面可以有效整治分散、闲置的土地资源，扩大产业承接的空间，另一方面对生态环境进行保护和治理，提高区域资源环境承载力，从而使产业顺利承接，并尽快与当地已有产业更好地融合，实现区域产业结构的调整和区域经济的发展。总而言之，土地整治通过优化土地资源配置、整合区域空间、保护生态环境，促进了产业转出地"腾笼换鸟"和转入地"筑巢引凤"，从而推动产业转移的顺利实现。

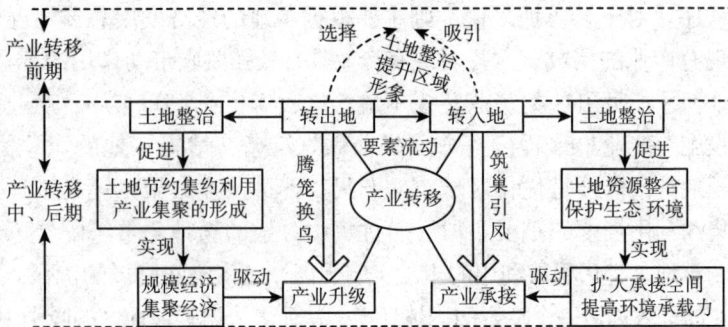

图 4 - 6　土地整治促进产业转移的作用机理

4.4　土地整治改善区域生态环境的作用机理

正如本书第 3 章在界定区域经济协调发展的概念和内涵时所说的，区域经济的发展必须在资源环境承载能力的范围内进行，凡是以破坏生态环境为代价的经济增长都是不协调的经济发展方式，因此，经济与环境的协调是区域经济协调发展的重要内容。2007 年，党的十七大报告中第一次提出"生态文明"的发展理念；2012 年，党的十八大报告将建设"美丽中国"作为我国生态文明建设的目标，将生态文明建设纳入中国特色社会主义"五位一体"总体布局，提出"建立系统完整的生态文明制度体系""用严格的法律制度保护生态环境"，确立了"绿色发展"的新理念。党的十九大报告指出，"建设生态文明是中华民族永续发展的千年大计。必须树立和践行绿水青山就是金山银山的理念，像对待生命一样对待生态环境"，这一系列的理念和举措预示着我国生态文明新篇章的开启。

土地整治作为我国国土资源开发利用的重要举措，也必须顺应时代的潮流，肩负起治理环境污染、保障生态安全的任务，实现区域经济的协调、可持续发展。事实上，治理和保护生态环境是土地整治这项活动本身就应该涵盖的内容，但是为了解决燃眉之急的粮食安全以及城市建设用地紧缺的问题，很多地方的土地整治倾向于把"增加耕地，提高土地节约集约利用水平"作为其核心目标，忽视了土地整治在改善生态环境方面的作用，使土地整治的开展不但没有治理好环境，反而由于过度的复垦和整理，引发了新的生态问题，加重了环境负担。所以，近几年来，我国不断改进土地整治的思路，鼓励土地的生态化整治。在许多涉及土地整治的文件中多次提到要把改善生态环境作为土地整治的目标之一。从目前来看，我国大部分地区已经逐步实现了土地整治由"重数量"向"数量、质量并重"的转变，真正让土地整治"归位"，发挥了其应有的作用。

土地整治与生态文明有怎样的内在联系？对于生态环境的治理和保护，土地整治究竟有哪些具体措施？对生态环境又产生了哪些方面的影响？本书将在这些问题上进行重点分析，探讨土地整治改善生态环境的内在作用机理。

4.4.1　土地整治与生态文明建设的内在联系

生态文明是我国生态建设的目标，是一种在保持经济发展、社会进步的同时维持自然环境良好运行的理想状态。它要求经济、社会和生态三个系统之间相互融合、相互促进、协调一致、共同发展。具体来说，经济、社会的发展离不开生态环境的支撑，土地资源、矿产资源、水资源等都是生产与生活的原动力，但是，这些资源中大部分都是不可再生的，过度的开采利用不但会造成整个自然系统的紊乱，更会使资源迅速枯竭，威胁到人类子孙后代的生存。因此，生态文明的最根本要求就是尊重自然规律，在资源环境的承载范围之内开展经济活动，合理安排资源在不同主体、不同地域、不同产业间的配置，节约集约使用资源，使资源发挥最大的效能。

生态环境对于人类发展的意义并不仅仅是提供各种资源那么简

单，人类对于生态环境的贡献也不仅仅局限于节约集约利用资源。二者可以在更高的层次上实现和谐统一。一方面，人类在经历了农业化时代、工业化时代后，现在正逐步向着信息化时代迈进，物质方面的满足已经不是人们追求的单一目标，人们开始追求舒适的生活环境、轻松的生活状态以及健康的生活品质。而这些都是建立在生态系统平稳有序、物种多样化发展的基础之上。换句话说，只有保护好生态环境，才能让大自然走进人们的生活，人们才能够享受到大自然所赋予的美好。另一方面，科技进步在提高人们物质生活水平的同时，对于生态文明建设也应发挥积极的作用。[①] 例如，应用先进科技，实时监测环境变化，促进生态环境平稳有序运行。可见，生态环境与人类发展的联系越来越密切，人们只有树立起保护环境的责任意识，与自然和谐共处，才能真正实现物质文明、精神文明、生态文明的同步发展。

与生态文明的多重内涵一样，土地整治也是一个综合多种因素的复杂系统。生态环境、工程技术和经济手段是其重要组成因素，促进人地关系和谐发展是其本质要求。但是，我国在开展土地整治之初，追求"增加耕地面积"的单一目标，忽视了对于生态环境的保护，引发了生态失衡、生物多样性和区域景观多样性受损等许多环境问题，影响了经济社会的协调发展。由此，人们逐渐认识到，除了保障粮食安全、支持经济发展的用地需求之外，治理和保护生态环境也是土地整治的重要目标之一。

事实上，国外许多发达国家也是在经历了环境危害之后，才逐步将保护生态环境纳入土地整治的目标和任务当中的。目前，我国土地整治的工作重点已经由增加数量向数量、质量、生态并重转变，特别是在提出了"生态文明"的理念后，土地整治工作迈向了更高的层次，经济持续、生态健康成为整治的新目标。通过治理

---

① 高奇. 生态文明形势下的土地整治初探 [J]. 江苏农业科学, 2013 (7): 391-394.

环境污染、保护生物多样性、增加景观用地等多种措施，土地整治必然会对经济、环境的协调发展以及生态文明建设起到极大的促进作用。从这个层面来看，土地整治与生态文明具有高度的内在一致性，一方面，生态文明为土地整治指引了方向；另一方面，土地整治为生态文明的实现提供了工程技术手段。

4.4.2　土地整治的区域生态功能分析

1. 基于生态保护的土地整治技术及其效用

随着土地整治保护生态环境任务的加剧，世界各国逐渐加大了土地整治过程中对于生态环境的保护力度，现将土地整治在生态保护方面的技术及其效用总结为以下三个方面。第一，针对土地退化问题，采用筛选、培育、搭配等生物恢复技术为植物及土壤营造正常的生物环境，促进其发挥在整个生态循环中的作用；第二，由于土地整治会将原来多种景观用地整合为一种类型，所以容易导致土地景观功能的衰竭。对于此问题，主要通过前期预防和后期治理相结合的方法。① 在土地整治的规划设计阶段，充分考虑其对整治区的生态结构以及景观布局的不利影响，争取在不改变生态格局的基础上完成相关整治活动；而对于已经造成景观改变和破坏的地区，通过一系列的工程技术措施，修复受损的景观，恢复其功能，使生态系统维持平衡状态。在这一方面，荷兰、日本、瑞士、波兰等国家都有较为成功的实践。② 第三，土地整治对于土壤表层的施工会使土壤裸露、植被覆盖率降低，有时由于需要农田水利设施，还会在具有一定坡度的沟渠、河道周围进行土壤表层硬化，这些工程都

---

① Deibert E. J. Utter R A. Earthworm（Lumbricidae）survey of North Dakota fields Placed in the U. S. Conservation Program ［J］. Soil and Water Conservation. 2003, 58（1）: 39 – 45.

② 陈百明. 土地生态化整治与景观设计 ［J］. 中国土地科学, 2011（6）: 10 – 14.

会造成水土流失的问题。所以，通常会采取相关技术手段加固整治区域的土壤层。这些技术主要包括生态型施工管控技术、地表凋落物和林下植被保护技术等。

如图 4 – 7 所示，土地整治通过工程技术手段，可有效解决土地退化、景观功能衰减以及水土流失等诸多区域生态环境的问题，优化整治区的景观格局，维持整治区的生态平衡，使区域经济与环境保持协调、稳定状态。

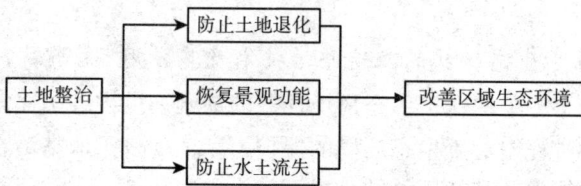

图 4 – 7　土地整治改善区域生态环境的传导机理

2. 土地整治与未利用地保护

我国土地流量市场上的土地主要来源于农村集体土地的征收和未利用地的开发。由于保护耕地资源的形势日益紧迫，近几年来，未利用地开发成为解决耕地骤减和建设用地紧缺的重要途径。但是，我国 60% 以上的未利用地分布在水源不足和生态脆弱的地区，在西北地区，未利用地面积占全区总面积的 1/2 以上。因此，未利用地也同样面临着保护与开发的矛盾，如果解决不好，会严重影响区域经济的可持续发展。

通过土地的整理和复垦，可有效缓解未利用地开发与保护之间的矛盾。一方面，土地整理和复垦以现有城乡存量建设用地为基础，充分挖掘其使用潜力，通过合理的规划和布局，将可以合并的建设用地进行统一整理，使同种用途的土地连片、成规模，提高了存量土地单位面积的使用效率，从而大大减少了未利用地开发的需求量；另一方面，土地整治所采取的内涵式开发模式使土地利用结构不断趋向合理，并经由集聚效应使规划区周围土地的边际效用大幅

100

提高。这样，按照边际效用由大到小的规律，对未利用地进行有序开发，使新增土地得到最大限度的利用，从而有效避免未利用地资源的浪费，达到"优化土地流量"的目的，实现区域经济的可持续发展。

3. 土地整治与乡村生态发展

乡村地区是目前土地整治的重点区域，也是迫切需要开展环境污染治理的地区。在城乡统筹发展的要求下，调整乡村用地格局，改变乡村生产居住环境"脏、乱、差"的问题，积极推广绿色产业，打造美丽的乡村景观是新农村建设的目标和要求。土地整治通过宅基地拆旧建新、生产生活空间重组、基础设施重新安置等措施，改变资源的粗放利用模式，促进资源的节约集约利用，引领节能、高效的乡村生活方式，改善村容村貌。

具体来说，土地整治对于乡村生态环境的改善主要体现在三个方面。第一，减少能耗。通过村庄空间重组重建、住宅统一建设等措施，有利于形成合理的村庄空间布局，促进乡村产业的园区化发展；同时，减少秸秆、柴、煤的焚烧，打造清洁能源生态模式，减少温室气体的排放，实现节能减排。第二，治理污染。通过土地整治，合理规划配置污水和垃圾处理场，提高乡村地区对废气、废水、固体废弃物的处理能力，促进资源的循环使用。第三，增加碳汇。[①] 通过植树造林，提高森林覆盖率，根据不同的地形地貌，适当开展空心村还田、还林等工程，盘活乡村存量土地，打造优质的乡村生态环境。

4.5　本章小结

本章详细阐述了土地整治促进区域经济协调发展的内在机理，

---

① 郭丽英. 我国农村土地整治与乡村生态发展探讨 [C]. 2013 全国土地资源开发利用与生态文明建设学术研讨会论文集，2013：53-58.

主要有以下四个方面的内容。

第一，构建了包括土地、资本和劳动在内的三要素经济增长模型，并通过推演分析，得出了土地整治对于防止有效人均产出减少、维持总产出持续稳定增长具有重要作用的结论。具体来说，在 $g_A = g_H$ 的假定下，土地整治通过增加有效土地数量，削弱了有效人均总产出由于土地增长率小于人口增长率而呈现出的递减趋势，保证了人均总产出的增长率；在放开 $g_A = g_H$ 的假定后，土地整治通过提高土地的集约利用程度，使土地集约利用水平的增长可以弥补由于人口增长所带来的有效人均土地投入量的减少，从而防止了有效人均产出的减少。

第二，改进了传统的存量—流量模型，并运用改进后的模型，分别分析了土地整治与城乡建设用地增减挂钩结合后对于发达地区和欠发达地区土地市场的作用。对于经济发达地区，土地整治通过"盘活存量"大大缓解了用地紧张以及地价攀升的局面；而对于经济欠发达地区，土地整治通过与城乡建设用地增减挂钩结合，将剩余的建设用地指标有偿让与其他地区使用，从而解决了土地廉价、需求不足、资金短缺等问题。

第三，分析了土地整治对产业转出地的产业升级和产业转入地的产业承接的作用。土地整治通过优化土地资源配置、整合区域空间、保护生态环境，有利于产业转出地的"腾笼换鸟"和转入地的"筑巢引凤"，从而推动产业转移的顺利实现。

第四，阐述了土地整治对于改善区域生态环境的作用。土地整治通过工程技术手段，可有效解决土地退化、景观功能衰减以及水土流失等诸多区域生态环境的问题，优化整治区的景观格局，维持整治区的生态平衡，使区域经济与环境保持协调、稳定的状态。

第 5 章

区域经济协调度的设置及
实证模型构建

在阐述了土地整治对区域经济协调发展的作用机制后，接下来要对这一理论解释进行实证的检验，验证土地整治是否真正促进了区域经济协调发展。这里需要说明的是，由于数据的有限性，无法逐个对第 4 章中的内在机理进行实证检验，只能基于目前所能搜集到的数据对"土地整治"与"区域经济协调发展"之间的因果关系、相关关系等进行判定。本章将设定一套具体的实证模型和方法，为下一章的实证研究做好铺垫。为了科学评价土地整治对区域经济协调发展的单向促进作用，应解决好三个问题。第一，如何量化评估区域经济协调发展程度；第二，土地整治与区域经济协调发展之间呈现出怎样的数量关系；第三，如何判定土地整治的确带动了区域经济的协调发展，并且这一作用方向是单向的。下面将通过三节的内容解决这些问题。

5.1 区域经济协调度的指标体系
构建和测度方法

"协调"是两种或者两种以上的系统之间相互融合、彼此促进的一种关系，"协调度"则是对这种关系好坏程度的衡量。对区域经济协调发展的量化评估通常采用"区域经济协调度"这一指标。学者们对这一指标的测度提出了许多不同的方法，主要可以概括为单要素指标和综合性指标，前者如人均 GDP 等，后者由反映区域经济协调发展的社会经济或资源环境侧面的多项指标综合叠加而成。这两大类指标在评价区域经济协调发展问题中发挥了积极的作用，但也表现出一些不足：（1）已有的综合性指标一般都有所侧重，反映的是区域经济协调发展问题的一个侧面或一种观点；（2）这些指标考虑时间因素不够，缺乏动态观念，在准确表达时空维上的区域经济协调发展问题时受到较多限制；（3）这些指标在理论分析与实用方面往往难以统一。①

本书根据区域经济协调发展的概念和内涵（见第 3 章），构建了如表 5 - 1 所示的指标体系。在综合指标"区域经济协调度"之下设置了两个二级分解指标和七个三级分解指标。具体来说，二级分解指标"区际经济协调度"和"经济环境协调度"分别测量区际之间的经济协调程度和经济—环境协调程度。三级分解指标中的人均 GDP 变差系数测量区域经济差距，增长率变差系数主要测量区域经济增长差距，Moran's I 指数测量区际关系的密切程度，这三个指标合成计算得到区际经济协调度。防护林覆盖率、耕地覆盖率和城市绿地覆盖率是三个环境指标，它们与经济指标 GDP 合成计算得到经济环境协调度。下面将依次阐述两个二级分解指标以及综合指标的测度方法。

---

① 庄亚明. 区域经济协调发展的 GAH-S 评价体系研究 [J]. 中国工业经济, 2008 (6)：127 - 137.

表 5 – 1　　　　　　　　区域经济协调度指标体系

综合指标	二级分解指标	三级分解指标	
区域经济协调度	区际经济协调度	人均 GDP 变差系数	
		增长率变差系数	
		Moran's Ⅰ 指数	
	经济环境协调度	环境指标	防护林覆盖率
			耕地覆盖率
			城市绿地覆盖率
		经济指标	GDP（亿元）

资料来源：覃成林．我国区域经济协调发展的趋势及特征分析［J］．经济地理，2013（1）：9 – 14．

5.1.1　分解指标一：区际经济协调度

一个区域的经济协调程度可以由这个区域范围内所有子区域之间的经济差距以及区际联系强度进行评定。例如，国家层面的经济协调度由 31 个省区市之间的经济差距和区际联系强度来衡量；同理，省级层面的经济协调度由其行政区划范围内所有地级市之间的经济差距和区际联系强度来衡量。对于具体衡量指标和方法的选择，本书借鉴覃成林（2013）对区域经济协调发展的量化评价，将子区域间经济差距和区际联系具体细化为三个三级指标，分别是区域经济差距、区域经济增长差异和区际联系强度，下文将依次介绍这三个指标的计算方法。

1. 区域经济差距的测度

对区域经济差距的测度首先应选择能够反映区域经济水平的指标。本书选择人均 GDP 这一指标，原因有两点。第一，GDP 是反映一个地区经济发展水平最重要的指标，但是 GDP 绝对值的大小受地区面积、人口等因素的影响，无法在地区之前进行横向对比，而人均 GDP 是一个比值，用它来对比区域间经济发展水平的差距更为恰当。第二，历年来 GDP 的统计口径都是不变的，有利于观察区域经济差距的变化趋势。对于不同地区人均 GDP 差异的计算，本书采用了统计中变异系数的计算方法，公式如下：

$$V = \sqrt{\frac{1}{n} \sum_j (x_j - \bar{x})} / \bar{x} \qquad (5.1)$$

式（5.1）中，V 表示区域经济的变异系数；n 表示子区域的个数；x_j 表示第 j 个子区域的人均 GDP，j = 1，2，3，…，n；$\bar{x}$ 表示所有年份各子区域人均 GDP 的平均值。区域经济变异系数介于 0~1 之间，数值越大，表示子区域的经济发展差距越大，区域经济的协调程度越差；相反，数值越小，表示子区域的经济发展差距越小，区域经济的协调程度越好。本书认为，V < 0.5 的区域经济状态较为理想，一旦超过了这一临界值，该区域的贫富差距较为严重，需引起注意。

2. 区域经济增长差异的测度

本书选择 GDP 的增长率作为衡量区域经济增长的指标。与人均 GDP 相同，GDP 的增长率也是比率的形式，代表了 GDP 与上一年相比增长的百分比，因此也具有横向的可比性。不同地区 GDP 增长率差异程度的计算仍然采用变异系数的公式，即：

$$K = \sqrt{\frac{1}{n} \sum_j (y_j - \bar{y})} / \bar{y} \qquad (5.2)$$

式（5.2）中，K 表示区域经济增长的变异系数；n 表示子区域的个数；y_j 表示第 j 个地区的经济增长率，j = 1，2，3，…，n；$\bar{y}$ 表示各地区经济增长率的平均值。与区域经济变异系数相同，区域经济增长的变异系数也是介于 0~1 之间，数值越大，表示子区域的经济增长幅度差距越大，区域经济的协调程度越差；否则，反之。区域经济增长变异系数的临界值同样设定为 0.5，小于临界值代表各子区域的经济增长幅度处于较均衡的状态，超过这一临界值，则认为该区域经济增长差距过大，区域经济的协调发展受到了威胁。

3. 区际联系强度的测度

自从牛顿提出了万有引力定律之后，事物在空间上的联系成为各门学科研究的新视角。经济学中的距离衰减原理就是基于引力模型所提出的，其核心思想是：假设所研究的经济现象之间存在着相互的作用，那么二者之间的作用强度随着距离的增加而呈现出不断递减的趋势。沿着这一思路，经济学的分析逐渐向空间范围扩展，如空间相关和空间叠加分析等工具在经济学中都得到了充分的运用。但是，这些都仅是基于地理位置而产生的关联，现实的社会经济数据与空间的联系未得到体现。空间自相关概念的引入弥补了这一缺陷，使社会经济数据和空间数据有机得结合在一起。[①] 空间自相关分析，又被称作聚类检验，是了解空间分布特征最常用的方法，反映了同一个变量在不同空间位置上的相关关系。如果具有相似属性的区域聚集在某一个空间内，那么这个空间集群的相关性为正；相反，如果具有相异属性的区域聚集在一起，该空间就表现为负相关。

区域经济发展过程中，区际关系无非有两种，要么地区之间相互促进，向着趋同的方向发展；要么相互排斥，向着趋异的方向发展。这就与上述空间自相关分析的两种情况相吻合：趋同即表现为空间正相关，趋异则为空间负相关。可见，区际联系的分析可借助于空间自相关这一计量工具来完成。

空间自相关的测度有 Moran's I 指数（Moran, 1950）、Gearry 指数 C（Geary, 1954）、G 统计量、Moran 散点图、LISA 等多

---

① 覃成林. 中国区域经济增长分异与趋同 [M]. 北京：科学出版社，2008：181 - 182.

种方法，[①] 本书主要应用 Moran's Ⅰ 指数来测度区际联系强度。Moran's Ⅰ 指数的计算公式为：

$$I = \frac{n \sum\limits_{i=1}^{n} \sum\limits_{j=1}^{n} \omega_{ij}(x_i - \overline{x})(x_j - \overline{x})}{\sum\limits_{i=1}^{n} \sum\limits_{j=1}^{n} \omega_{ij} \sum\limits_{i=1}^{n} (x_i - \overline{x})^2} \tag{5.3}$$

式 (5.3) 中，I 表示 Moran's Ⅰ 指数；n 表示研究区内子区域的个数，ω_{ij}是空间权重；x_i 和 x_j 分别是子区域 i 和子区域 j 的指标观测值；$\overline{x}$ 是所有子区域属性的平均值。Moran's Ⅰ 指数可以看作观测值与它的空间滞后值之间的相关系数，取值范围在 0 ~ 1 之间。取值大于 0 表示子区域之间正相关，小于 0 表示负相关。取值越接近 1，代表集聚空间内区域指标观测值的相似度越高，要么高值和高值相邻，要么低值和低值相邻；取值越接近 –1，代表集聚空间内区域指标观测值的相似度越低，表现为高值和低值相邻；取值越接近 0，表示观测值分布越没有规律，不存在空间自相关性。

在 Moran's Ⅰ 指数的计算过程中，空间权重的确定是关键。本书借助 Geoda 软件生成空间权重矩阵。权重矩阵的生成需要以一定的标准划定空间邻居，Geoda 提供的方法有两种：邻近权重 (contiguity weight) 和距离权重 (distance weight)，邻近权重分为"车"相邻 (rook contiguity) 和"后"相邻 (queen contiguity) 两类；距离权重分为距离门槛 (threshold distance) 和邻居数目 (k-nearest neighbors) 两类。具体操作时应根据实际情况选择合适的方法。

对 Moran's Ⅰ 指数结果的检验是基于随机序列，通过多次重复计算统计量产生一个参考分布，将 Moran's Ⅰ 指数的统计量与参考分布进行对比分析，计算得到显著性检验的 P 值，并据此判断 Moran's Ⅰ 指数的结果是否可信。本书认为，P 值小于 0.1 (10% 的

---

① 沈体雁，冯等山，孙铁山. 空间计量经济学 [M]. 北京：北京大学出版社：40 – 41.

显著性水平）即可通过检验。

　　基于以上三个指标，运用加权平均法构建区际经济协调度指标（用 U_1 表示）。鉴于区域经济差距、区域经济增长差异以及区际联系强度对于考量区域经济协调发展的程度来说同等重要，所以对于这三个指标平均赋权。此外，需要说明的是，区域经济差距的变异系数和区域经济增长的变异系数均为负指标，即指标的数值越大，区域间的差异程度越大，协调性反而越差；Moran's I 指数是正指标，其数值越大，代表区际联系越紧密，协调性越好。因此，在指标合成时，应先将正负指标统一，得到以下计算公式：

$$U_1 = -\left[\frac{1}{3}V + \frac{1}{3}K + \frac{1}{3}(1-I)\right] \tag{5.4}$$

　　根据式（5.4）计算得出的区际经济协调度是一个负数，其数值越接近 0，表示区域之间的经济协调程度越高，相反，协调程度就越低。

5.1.2　分解指标二：经济环境协调度

　　经济与环境协调程度的测算涉及两个系统：经济系统和环境系统。因此，需要对这两个系统分别进行评价，然后通过一定的方法将两个评价结果合成得到二者的协调度。对于经济系统来说，考虑到数据的可得性以及与前述经济系统内部评价的一致性，本书选择 GDP 作为区域经济发展程度的定量评价指标（用字母 G 表示）。对于环境系统来说，将生态环境完善程度作为衡量标准（用字母 M 表示），这一标准主要通过三个指标进行具体量化评价：防护林覆盖率（用 m_1 表示，m_1 = 防护林面积/区域土地总面积）、耕地覆盖率（用 m_2 表示，m_2 = 耕地面积/区域土地总面积）和城市绿地覆盖率（用 m_3 表示，m_3 = 城市建成区绿地面积/城市建成区总面积）。经济与环境协调度的计算主要通过三个步骤来实现。

1. 原始数据的标准化

由于各指标的量纲不同，需首先对原始数据进行标准化处理，以消除量纲对结果的影响。为便于最后的合成，要求标准化结果为正值，所以，本书采用"最大—最小值"的方法，计算公式如下：

$$x_{it} = \frac{x_{it} - \min(x_{it})}{\max(x_{it}) - \min(x_{it})} \qquad (5.5)$$

式（5.5）中，x_{it} 表示第 t 年第 i 个指标的观测值，$\min(x_{it})$ 表示观察年份中该指标的最小值，$\max(x_{it})$ 表示观察年份中该指标的最大值。x_{it} 的取值范围在 $0 \sim 1$ 之间。

2. 加权法计算环境系统的综合得分

由于生态环境的改善程度由防护林覆盖率、耕地覆盖率和城市绿地覆盖率三个指标来具体体现，所以在计算得出各指标结果后，需进一步将其合成为综合指标得分。计算公式为：

$$M = w_1 m_1 + w_2 m_2 + w_3 m_3 \qquad (5.6)$$

M 表示生态环境的完善程度，w_1、w_2、w_3 分别为三个指标的权重系数。权重系数的大小代表了相应指标的重要程度，因此，对权重的设定会在很大程度上影响评价结果。由于本书所设定的三个评价指标是从三个不同的层面对生态环境进行评价，重要程度相当，所以，权重比例均分，即 $w_1 = w_2 = w_3 = 1/3$。

3. 计算经济与环境协调度

前述对区域的经济发达程度和生态环境完善程度分别进行了评价，那么两者之间的关系究竟如何，是相互促进、共同提高，还是互不干涉、此消彼长？这就需要借助协调度这一工具来进行深入的探讨。本书引入协调度模型来评价经济系统发展（G）与环境系统改善（M）的协调程度，计算公式为：

$$U_2 = \left\{ G \times M \big/ \left[(G+M)/2 \right]^2 \right\}^k \qquad (5.7)$$

U_2 与前述代表区域经济系统内部协调程度的 U_1 相对应，表示经济与环境的协调度；G 表示标准化处理后的 GDP，k 为协调系数，一般取 k = 2。[1] 经济环境协调度取值越高，说明经济与环境的发展程度越吻合，协调性越好；相反，取值越低，说明二者的协调性越差。U_2 的取值范围是 0 ~ 1，U_2 = 1 时，经济与环境完全匹配；U_2 = 0 时，完全不匹配。本书认为，当 U_2 > 0.5 时就可以说经济与环境是协调的。

5.1.3　综合指标：区域经济协调度

前面分别阐述了区际经济协调度与经济环境协调度的测算方法，得到了 U_1 和 U_2 两个协调度，接下来需将它们合成为一个综合指标，即区域经济协调度。对此，本书构建了如下的区域经济协调度函数：[2]

$$U = e^{-\frac{(u-u')^2}{8}} \tag{5.8}$$

$$u = -\frac{1}{2}U_1 + \frac{1}{2}(1 - U_2) = \frac{1}{6}V + \frac{1}{6}K + \frac{1}{6}(1 - I) + \frac{1}{2}(1 - U_2), u' = minu$$

式中，U 代表区域经济协调度，u 代表区域经济协调发展的实际值，其数值是 U_1 和 U_2 的加权平均数。由于区际经济的协调和经济环境的协调对区域协调发展来说同等重要，所以对 U_1 和 U_2 赋予相等的权重。u′代表区域经济协调发展的期望值，这里用观察年份中 u 的最小值来代替。此外，U 是以 e 为底的函数，为了使最后结果容易判别，指数取负值，这就要求 u 为负指数，[3] 所以，在合成

---

①　涂建军，周艳. 主体功能区人口、经济耦合协调关系研究——以四川省重点开发区为例 [J]. 广西大学学报（自然科学版），2013（4）：118 – 124.

②　曾珍香，顾培亮. 可持续发展的系统分析与评价 [M]. 北京：科学出版社，2000. 133 – 137.

③　这里负指数的意思是指标数值越大，所反映的区域经济协调发展程度越低。

时，经济环境协调度以 $1-U_2$ 的形式出现。

区域经济协调度 U 的取值范围是 (0, 1]，当 U = 1 时，区域达到了完全协调的状态。可见，区域经济协调发展是向着最佳协调状态不断逼近的过程，U 的取值越接近于 1，说明区域经济协调发展的程度越高，取值越接近于 0，协调发展的程度越低。

根据 U 的大小，可将区域经济协调发展的程度划分为 3 个一级分类和 10 个二级分类，如表 5 - 2 所示，U 取值在 0.4 以下认为区域经济失衡，0.4 ~ 0.6 之间认为区域经济处于失衡和协调的临界，大于 0.6 认为区域经济协调。区域经济协调度的分类及判定标准的设定不仅有利于认清区域经济协调发展的现状，还可以作为制定区域政策的依据，使区域经济有序、分步地向着最佳均衡状态发展。

表 5 - 2　　　　区域经济协调度的分类体系及判别标准

一级分类	取值范围	二级分类	取值范围
失衡型	$0 < U \leqslant 0.4$	极度失衡	$0 < U \leqslant 0.1$
		高度失衡	$0.1 < U \leqslant 0.2$
		中度失衡	$0.2 < U \leqslant 0.3$
		轻度失衡	$0.3 < U \leqslant 0.4$
过渡型	$0.4 < U \leqslant 0.6$	濒临失衡	$0.4 < U \leqslant 0.5$
		勉强协调	$0.5 < U \leqslant 0.6$
协调型	$0.6 < U \leqslant 1$	初级协调	$0.6 < U \leqslant 0.7$
		中级协调	$0.7 < U \leqslant 0.8$
		良性协调	$0.8 < U \leqslant 0.9$
		优质协调	$0.9 < U \leqslant 1$

资料来源：武京涛，涂建军，阎晓等. 中国城市土地利用效益与城市化耦合机制研究 [J]. 城市发展研究，2011（8）：178 - 182.

5.2　土地整治与区域经济协调发展
关系的协整分析方法

在构建时间序列的回归模型之前，必须首先确保解释变量与被解释变量的时间序列均为平稳的且存在着长期稳定的关系。这就需要对序列进行协整分析（单位根检验和协整检验），从而避免虚假回归的问题。同时，对于本书所研究的假设前提来说，土地整治与区域经济协调发展的关系是否是前者推出后者，而不是后者推出前者或其他的情形，则需要时间序列中的因果关系来检验。只有在进行了这些严格的检验之后，才能肯定本书所提出的假设与现实情况相符，回归模型才可信。以下将介绍单位根检验、协整检验和格兰杰因果检验在本书实证研究中的应用，其内容包括检验的基本原理、检验的步骤、检验方法的选择以及相关参数值的设定标准。

5.2.1　单位根检验

单位根检验是对序列是否存在单位根的检验过程，存在单位根则序列不平稳，相反，则平稳。这里需要说明的是，对于有些非线性的时间序列，会首先对其做对数处理，以增加其平稳性。

目前，单位根检验的方法主要有 DF 检验、ADF 检验、PP 检验，等等。① 本书主要运用 Eviews 软件中提供的 ADF 检验（Augmented Dickey-Fuller Test），其方法是估计回归方程：

---

① 夏南新. 单位根的 DF、ADF 与 PP 检验比较研究 [J]. 数量经济技术经济研究，2005（9）：129 – 135.

$$\Delta Y_t = Y_t - Y_{t-1} = \alpha + \beta t + (\delta - 1)y_{t-1} + \sum_{j=1}^{P} \lambda_j \Delta Y_{t-j} + \varepsilon_t$$

$$(5.9)$$

方程（5.9）中，Y_t 为原序列，Y_{t-1}、ΔY_t 和 ΔY_{t-j} 分别为滞后一期的序列、一阶差分后的序列和一阶差分滞后 j 期的序列，β、λ_j、δ 为回归系数，P 为滞后阶数，ε_t 为误差项。该检验的原假设为 H_0：$\delta = 0$，即存在单位根，序列不平稳。检验结果得到 ADF 统计量后，分别与 1%、5% 和 10% 显著水平下的临界值对比，一旦 ADF 统计量小于给定显著水平下的临界值，则拒绝原假设，序列不存在单位根，是平稳的。为统一标准，本书将 ADF 统计量小于 5% 时的临界值作为是否通过检验的标准。

ADF 检验模型有三种形式：第一种是既包括常数项又包括时间趋势；第二种是只包括常数项，不包括时间趋势；第三种是二者都不包括。用方程表示如下：

$$\Delta Y_t = \alpha + \beta t + \delta Y_{t-1} + \varepsilon_t \qquad (5.10)$$

$$\Delta Y_t = \alpha + \delta Y_{t-1} + \varepsilon_t \qquad (5.11)$$

$$\Delta Y_t = \delta Y_{t-1} + \varepsilon_t \qquad (5.12)$$

选择哪一种形式应根据实际数据的图形来具体判断。如果数据所呈现的图形曲线随时间变化呈现明显的递增或递减的趋势且增加或减少的幅度有一定规律，那么选择第一种模型形式；如果图形有递增或递减趋势但是变化比较随机，那么选择第二种模型形式；如果数据所呈现的图形在时间轴上下不规则波动且反复这一过程，则说明数据由随机趋势支配，选择第三种模型形式。当从图形无法准确判别时，一般按照公式（5.10）至公式（5.12）的顺序进行检验，如果都没有通过，则对序列进行差分后再按相同的步骤检验。如果一个时间序列经过一次差分变成平稳的，就称原序列是 1 阶单整序列，记为 I（1）。

除了选择模型形式之外，不同的滞后阶数对于 ADF 检验的结果也有很大影响，通常由 AIC、SIC 等信息准则来判断。本书运用的是 Eviews 软件 ADF 检验功能中所提供的 SIC 准则，公式（5.10）的最大滞后阶数设为 2，公式（5.11）和公式（5.12）的最大滞后阶数设为 3。

5.2.2　协整检验

单位根检验解决了时间序列平稳性的问题，但是对于差分后达到平稳的序列来说，差分本身会对序列的信息造成一定影响，进而无法判定差分后的序列之间是否仍然具有长期的稳定关系。为了解决这一问题，Engle 和 Robert 提出了协整理论[①]以及基于这一理论的 EG 两步协整检验法。进行协整检验的序列首先必须满足同阶单整的要求，在此基础上再分两步完成检验。假设 x 和 y 均为一阶单整时间序列，那么 EG 两步法的具体检验步骤为：

第一步：利用最小二乘法估计模型：

$$Y_t = \beta_0 + \beta_1 x_t + \varepsilon_t \tag{5.13}$$

并计算相应的残差序列：

$$e_t = Y_t - (\hat{\beta}_0 + \hat{\beta}_1 x_t) \tag{5.14}$$

第二步：运用 ADF 检验法检验残差序列的平稳性。与上述 ADF 模型相同，这里，对残差序列的检验也有三种形式的模型：

$$\Delta e_t = \delta e_{t-1} + \sum_{i=1}^{p} \lambda_i \Delta e_{t-i} + \varepsilon_t \tag{5.15}$$

$$\Delta e_t = \alpha + \delta e_{t-1} + \sum_{i=1}^{p} \lambda_i \Delta e_{t-i} + \varepsilon_t \tag{5.16}$$

---

① Engle, Robert F, G ranger C W J. Co-integration and error correction: representation, estimation and testing [J]. Econom etrica, 1987 (55): 251 – 276.

$$\Delta e_t = \alpha + \beta t + \delta e_{t-1} + \sum_{i=1}^{p} \gamma_i \Delta e_{t-i} + \varepsilon_t \qquad (5.17)$$

如果经过 ADF 检验拒绝了存在单位根原假设，则残差序列是平稳序列，则意味着 Y 和 X 存在长期的稳定关系，方程（5.13）为协整回归方程；如果接受了原假设，则残差序列是非平稳的，Y 和 X 之间不可能存在协整关系，方程（5.13）是虚假回归方程。

5.2.3 格兰杰因果检验

检验 X 是否为引起 Y 变化的格兰杰（Granger）原因的过程如下。

第一步，检验原假设"H_0：X 不是引起 Y 变化的 Granger 原因"。首先，估计下列两个回归模型：

$$Y_t = \alpha_0 + \sum_{i=1}^{p} \alpha_i Y_{t-i} + \sum_{i=1}^{q} \beta_i X_{t-i} + \varepsilon_t \qquad (5.18)$$

$$Y_t = \alpha_0 + \sum_{i=1}^{p} \alpha_i Y_{t-i} + \varepsilon_t \qquad (5.19)$$

其中，α_0 表示常数项；p 和 q 分别为变量 Y 和 X 的最大滞后期数；ε_t 为残差序列。

其次，用这两个回归模型的残差平方和 RSS_u、RSS_r 构造 F 统计量：

$$F = \frac{(RSS_r - RSS_u)/q}{RSS_u/(n-p-q-1)} \sim F(q, n-p-q-1) \qquad (5.20)$$

式（5.20）中 n 为样本容量。该检验的原假设是"H_0：X 不是引起 Y 变化的 Granger 原因"。如果 $F \geq F_\alpha(q, n-p-q-1)$，则应拒绝原假设，认为 X 是引起 Y 变化的 Granger 原因；反之，则不能拒绝原假设，X 不是引起 Y 变化的 Granger 原因。

第二步，将 Y 与 X 的位置交换，按同样的方法检验原假设

"H_0：Y 不是引起 X 变化的 Granger 原因"。

5.3 土地整治规模与区域经济协调度的双对数回归模型

区域经济协调发展程度用区域经济协调度来表示，土地整治项目的开展程度用土地整治规模来衡量，为了描述二者之间的相关关系，构建双对数回归模型。

5.3.1 模型的构建

本书所要研究的是土地整治规模和区域经济协调度之间的相关关系。由于上述三个检验均是基于变量取对数后的序列，为确保模型的有效性，回归模型的变量仍然采用对数形式。基于此，可构建区域经济协调度与土地整治规模的双对数回归模型。将区域经济协调度（Y_{RC}）作为被解释变量、土地整治规模（X_{LC}）作为解释变量。① 模型的原始形式为：

$$Y_{RC} = \beta_0 X_{LC}^{\beta_1} \tag{5.21}$$

对方程两边取对数，则模型由非线性转化为线性，其形式与协整检验时协整方程的形式相同（见公式 5 - 13），变量的平稳性和协整性得到了保证。

$$\ln Y_{RC} = \beta_0 + \beta_1 \ln X_{LC} + \varepsilon_t \tag{5.22}$$

① RC 和 LC 分别是 Regional Coordinated（区域协调）和 Land Consolidation（土地整治）的简写，表示山东省区域经济协调度和土地整治规模。下文中出现的 DRC、DLC、ZRC、ZLC、XRC、XLC，分别表示山东省东部、中部、西部地区的区域协调度和土地整治规模。

模型构建完成之后，需根据实际数据对模型进行估计，本书选用最小二乘法对模型估计如下：

$$\ln Y_{RC} = \hat{\beta}_0 + \hat{\beta}_1 \ln X_{LC} \qquad (5.23)$$

模型估计结果的优良应从统计、计量和经济意义三方面进行判别。第一，从统计意义上来说，方程的拟合优度 R^2、参数估计的 t 统计量、模型的 F 统计量都需要通过置信检验，才能认为模型很好地表达了数据之间的关系。具体来说，方程的拟合优度 R^2 代表了方程右侧自变量的函数对因变量的解释程度，解释程度越高，其数值越高。由于影响区域经济协调度的因素很多，土地整治只是诸多因素之一，所以无法完全解释其变化，本书认为，如果 "$R^2 >$ 0.5"，即说明方程很好地解释了土地整治对区域经济协调度的影响。参数估计的 t 统计量代表了方程中参数的统计显著性，本书以 "t 统计量 <1% 显著性水平下的 t 值" 作为参数估计检验通过的标准。而对于模型整体的显著性检验，本书以 "F 统计量 <1% 显著性水平下的 F 值" 作为检验通过的标准。第二，从计量意义上来说，方程需避免出现异方差的问题，这一点可通过 DW 统计量来检测，统计量的值接近 2，说明方程不存在异方差。第三，从经济意义上来说，土地整治对区域经济协调发展具有正向的促进作用，所以只有 β_1 的估计值 $\hat{\beta}_1$ 为正数才符合现实情况，模型结果对现实才具有解释意义。

5.3.2 模型的经济解释

以上所构建的双对数回归模型中，斜率 β_1 度量了被解释变量 Y_{RC} 对解释变量 X_{LC} 的弹性，即土地整治规模变化 1%，区域经济协调度变化的百分比。具体推导如下：

$$\hat{\beta}_1 = \frac{\partial \ln Y_{RC}}{\partial \ln X_{LC}} = \frac{\partial Y_{RC}/Y_{RC}}{\partial X_{LC}/X_{LC}} = \frac{\partial Y_{RC}}{\partial X_{LC}} \times \frac{X_{LC}}{Y_{RC}} \text{或者} \frac{\Delta Y_{RC}}{\Delta X_{LC}} \times \frac{X_{LC}}{Y_{RC}} \quad (5.24)$$

$\hat{\beta}_1$ 为正数，说明土地整治对区域经济协调发展有正向的促进作用，且数值越大，促进作用越显著；$\hat{\beta}_1$ 为负数，则说明土地整治不利于区域经济的协调发展，且数值越小，阻碍作用越明显。

5.4　本章小结

本章的内容主要有两个方面：一是构建了区域经济协调度的评价指标体系并阐述了指标的具体计算方法和步骤；二是构建了土地整治规模与区域经济协调度的双对数回归模型。

需要说明的是，在构建回归模型之前，本章对土地整治规模（X_{LC}）与区域经济协调度（Y_{RC}）两个时间序列进行了三项检验，分别是单位根检验、协整检验以及格兰杰因果检验。通过以上检验，可确定 X_{LC} 和 Y_{RC} 两个时间序列是否平稳、二者是否存在着长期的协整关系以及二者的因果关系如何。如果检验结果证实这两个序列的确具有平稳性或者同阶单整、二者存在着长期的协整关系且"X_{LC} 是 Y_{RC} 的格兰杰原因，而 Y_{RC} 不是 X_{LC} 的格兰杰原因"，则满足了构建土地整治规模与区域经济协调度之间回归模型的前提条件，确保了所构建模型的真实性和有效性。

本章内容为下一章做了方法上的铺垫。按照本章的具体测算步骤和模型构建思路，下一章将以山东省为例，研究土地整治与区域经济协调发展的关系，对本书的理论分析进行验证。

第6章

土地整治促进区域经济协调发展的实证分析——以山东省为例

山东省的区域经济空间分布是一个"微缩版的中国"，也呈自东向西逐渐递减之势，与中国目前的区域发展现状极为相似。因此，不论从全国层面还是从省域层面来看，以山东省为例检验土地整治对区域经济协调发展的促进作用具有很强的代表性，能够有效地揭示出"土地整治促进区域经济协调发展"的一般规律。

从20世纪80年代开始，山东省就开始着手解决东部、中部、西部地区经济发展不平衡、不协调的问题，形成了适应不同时期形势和任务的工作思路和政策措施，先后实施了"东西结合，共同发展"战略、"全面开放，重点突破，梯次推进，东西结合，加快发展"战略、"一个龙头，三个突破，① 东西联动，城乡统筹，促强扶弱，协调发展"思路、"五大板块"② 格局、"一体两翼"③ 和海洋经济发展等区域经济协调发展战略，对于改善区域经济发展不

---

① "三个突破"，即东部突破烟台、中部突破济南、西部突破菏泽。
② 山东省八届十五次全委会议做出了打造山东半岛城市群、省会城市群经济圈、鲁南经济带、黄河三角洲高效生态经济区和海洋经济强省"五大板块"的形象概括。
③ 2008年，山东省提出并开始实施"一体两翼"和海洋经济发展战略。其中，"一体"是从山东东部沿海沿胶济铁路向西到省会济南周围，主要由半岛城市群和省会城市群经济圈两大板块构成；"两翼"则分别是北临渤海湾的黄河三角洲和南接苏豫皖的鲁南经济带。

协调问题发挥了重要作用。① 近几年来，山东省又进一步基于各地不同的经济、社会、生态特点，划分出了更加清晰的区域经济板块。从 2009 年 11 月 23 日国务院正式批复《黄河三角洲高效生态经济区发展规划》，到 2011 年 1 月 4 日国务院批复《山东半岛蓝色经济区发展规划》，再到 2013 年 8 月省委、省政府研究通过《省会城市群经济圈发展规划》和《西部经济隆起带建设发展规划》，山东省形成了"两区一圈一带"的区域战略格局；2018 年山东省获批新旧动能转换综合试验区，这一系列规划有助于山东省从根本上解决区域经济发展不协调的问题。

　　土地整治作为山东省调整土地结构、优化产业布局、缓解建设用地紧缺、改善生态环境的重要抓手，为山东省区域发展战略的实施提供了有力保障。近年来，山东省的土地整治工作取得了突出成就。2011～2015 年间，全省共实施农用地整理、宜耕未利用地开发、土地复垦项目 2468 个，补充耕地面积 82.95 万亩（其中，农用地整理补充耕地 42.9 万亩，宜耕未利用地开发补充耕地 30.15 万亩，土地复垦补充耕地 9.9 万亩），累计项目投资 123.45 亿元；实施增减挂钩项目 699 个，拆迁面积 32.1 万亩，复垦农用地面积 27.6 万亩，级差收益返还农村 492.61 亿元。

　　可见，区域经济的协调发展已成为山东省区域经济发展的重要目标，土地整治是实现这一目标的重要手段。但是，目前山东省全省及东部、中部、西部的区域经济协调发展程度究竟如何？土地整治的实施是否真的起到了促进区域经济协调发展的作用？其贡献有多大？东部、中部、西部又分别呈现出怎样的差异？这些问题在已有文献中并未找到答案。本书认为，回答这些问题必须以定量分析为基础，从数据入手，挖掘已取得的成效和仍然存在的问题，从而对山东省土地整治的开展以及区域经济协调发展的推进起到指导作用。

---

　　① 张志元，董彦岭，刘清春，渠涛，蒲业潇. 山东区域经济协调发展存在的主要问题与对策研究［J］. 经济与管理评论，2012（5）：141–145.

因此，本章将基于上一章所构建的评价指标体系以及评测的方法和步骤，依据现有数据，定性分析山东省土地整治对区域经济协调发展的促进作用，并根据实证结果，阐述目前存在的问题和成因。

6.1 土地利用和土地整治现状

6.1.1 土地利用结构及特点

1. 山东省土地利用率较高，以农用地为主

2017 年，山东省农用地面积 17229 万亩，占土地总面积的 72.71%，其中耕地 11384.68 万亩；建设用地 4325.59 万亩，占土地总面积的 18.26%，其中村庄 2164.01 万亩，占建设用地的 50.03%；未利用地 2140.06 万亩，占土地总面积的 9.03%，其中其他草地和盐碱地 892.91 万亩，占未利用地的 41.72%。总体来看，山东省土地利用率较高，利用率达 91%，且以农用地为主。

2. 农用地以耕地为主，人均耕地面积逐年减少

2017 年，山东省的耕地共 11384.68 万亩，占农用地总面积的 66.08%；园地 1071.53 万亩，占农用地总面积的 6.22%；林地 2216.35 万亩，占农用地总面积的 12.86%；草地 8.63 万亩，占农用地总面积的 0.05%。从分布来看，47.59% 的耕地分布在鲁西平原区，28.74% 分布在胶东半岛丘陵区，13.25% 分布在鲁中南山地丘陵区，10.42% 分布在黄河三角洲地区。山东省园地分布相对均衡；林地主要分布于山地丘陵区；牧草地分布相对集中，主要分布在东营和滨州等市。

近十余年来，山东省人均耕地面积逐年减少。图 6-1 所示的 2000~2017 年山东省人均耕地变化趋势显示，18 年间全省的人均耕地面积由 2000 年的 1.26 亩/人减少至 2017 年的 1.14 亩/人，平均每年减少 0.53%，2017 年人均耕地面积低于全国水平（约 1.35 亩／人）。可见，山东省急需通过土地整治来缓解耕地压力。

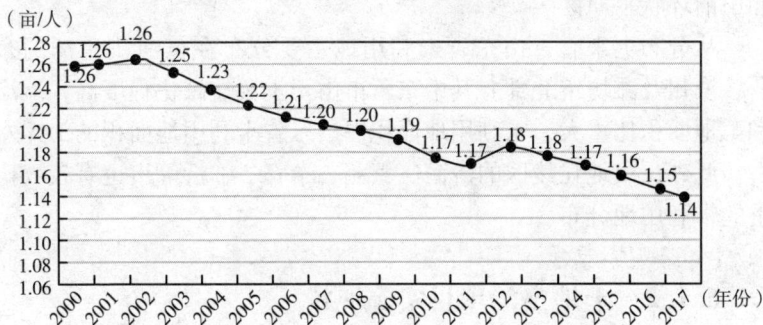

图 6-1　2000～2017 年山东省人均耕地面积变化趋势

资料来源：2011～2018 年《山东省统计年鉴》。

3. 建设用地以农村居民点为主，用地模式粗放

2017 年，山东省建设用地中，城镇村及工矿用地面积为 3638.64 万亩，占建设用地总面积的 84.12%。其中，村庄用地 2164.01 万亩，占建设用地总面积的 50.03%；交通运输用地面积为 336.2 万亩，占建设用地总面积的 7.77%；水利设施用地面积为 350.74 万亩，占建设用地总面积的 8.11%。

4. 未利用地以荒草地和盐碱地为主，主要分布在黄河三角洲部分地市

2017 年山东省未利用地面积为 2140.06 万亩，其中以其他草地和盐碱地为主，这两类未利用地约 892.91 万亩，约占未利用地总面积的 41.72%。

从大的区域分布上来看，鲁北滨海黄河三角洲地区未利用土地面积最大，其次是鲁中山地区和山前环状平原区。按地类分，鲁东丘陵区、鲁中山地区和山前环状平原区主要以荒草地和裸岩石砾地为主，鲁北滨海黄河三角洲以苇地及滩涂、盐碱地和荒草地为主；沙地主要分布在鲁西、鲁北平原区和鲁东丘陵区。鲁西、鲁北平原区土地利用率大，后备资源比重最小，未利用地主要是盐碱地、荒草地、苇地及滩涂。其他未利用土地主要集中在鲁西、鲁北平原区和山前环状平原区。

从分布上来看，山东省未利用地主要分布在黄河三角洲的东营、滨州及潍坊市北部。其中东营市由于土壤盐碱化程度高，滩涂和苇地面积比重大，未利用地面积占山东省未利用地面积的 1/6 左右。此外，山地丘陵区的济南、莱芜、泰安、临沂等市也有较大比重的未利用地分布。

6.1.2 土地整治项目实施现状

近十余年来，山东省十分重视农村土地综合整治工作，取得了突出成就。2000~2017 年，山东省实施各类整治项目的建设规模 175 万公顷，总投资 298 亿元，既增加了有效耕地面积，又保障了经济建设和社会发展项目的需要。与国内其他沿海省份比较来说，山东省的土地整治从项目数量、规模等方面都占据着较领先的地位。

1. 土地整治项目实际建设总规模及分布

2000~2017 年，山东省各类土地整治项目的建设总规模为 1752841.543 公顷。按照规模共划分为三个层级：建设总规模在 50000 公顷以下的有枣庄、威海、莱芜；建设总规模在 50000~100000 公顷之间的有济南、青岛、日照、菏泽；建设总规模在 100000 公顷以上的有淄博、东营、烟台、潍坊、泰安、临沂、德州、滨州、聊城。

2000 年以来，土地整治项目在山东省东部、中部、西部地区[①]的历年分布情况可用图 6-2 来表示。由图 6-2 可知，三个地区历

---

① 关于山东省东部、中部、西部地区的划分会在本章第二节第一部分具体说明，由于分析需要，这里先提前加以应用。

年土地整治规模相近且增减变化趋势十分相似。总体来看，三个地
区整治项目规模的大小排序为：东部 > 西部 > 中部。不过，从
2010 年开始，中部地区土地整治规模开始超过西部地区，跃升为
第二位，2014 年跃升为第一位；西部地区在 2016 年有了飞跃性的
增长。可见，山东省各地区土地整治的分布较为均衡，且在曲折变
化中不断上升，呈现出范围逐渐扩大、力度逐渐增强的趋势。

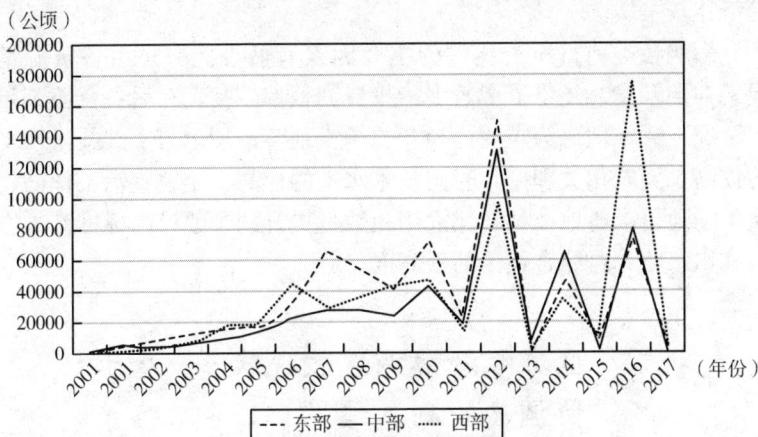

图 6 - 2 2000~2017 年山东省各地区土地整治项目规模走势

资料来源：2000~2012 年数据由国土部门提供；2013~2017 年数据由《山东国土资源年鉴》获得。

2. 各类土地整治项目实际新增耕地面积及分布

山东省 2000~2017 年各类土地整治项目实际新增耕地面积为
272093.6697 公顷，按照规模共划分为三个层级：新增耕地面积在
15000 公顷以下的有威海、淄博、莱芜、日照和枣庄；新增耕地面
积在 15000~20000 公顷之间的有济南、青岛、烟台、济宁、泰安、
滨州、聊城、菏泽；新增耕地面积在 20000 公顷以上的有东营、潍
坊、临沂和德州。

3. 土地整治项目中复垦、整理、开发项目规模占比分析

从 2000 年土地复垦、整理、开发项目规模所占比例分别为 8.37%、19.19%、72.44% 到 2016 年所占比例分别为 0.4%、99.58%、0.02%，^①可以看出，山东省土地整治项目中复垦、整理、开发所占比例的变化趋势为：土地复垦与开发的项目规模所占比例逐年下降，土地整理的项目规模所占比例逐年上升，总体变化趋势比较平缓。

影响各类项目所占比例的主要因素有两点。一是后备资源情况。初期开发、复垦资源较多，投资回报率较高，在后备资源不足的情况下，整理成为主要途径。二是土地整治理论与实践技术水平的提高。随着相关理论与时间技术水平的提高，土地整治工作已经从单纯地追求耕地数量和建设用地数量提升到了建设高标准基本农田和田水路林村综合整治的新高度。

6.2 区域经济协调发展现状——基于协调度的测算结果

6.2.1 数据来源及东部、中部、西部的划分

1. 数据来源

区域经济协调度计算过程中的数据大部分从山东省统计年鉴中获取，部分缺省数据根据已公布数据推算得到。各指标的具体数据获取来源及缺省数据计算依据说明如下。

城市绿地面积：由 2001～2018 年《山东省统计年鉴》获得。

城市建成区面积：已公布的数据有 2001～2017 年山东省城市

---

① 由于 2017 年《山东国土资源年鉴》关于土地整治的统计口径与往年相比有所变化，土地整治项目不再区分复垦、整理和开发，所以此处数据只列出 2016 年。

建成区总面积和 2002~2017 年 17 地市建成区面积。对于缺省的山东全省 2000 年城市建成区总面积，假设 2000~2002 年间城市建成区面积按照相同的增量增加，则 2000 年全省建成区面积 = 2001 年建成区面积 –（2002 年建成区面积 – 2001 年建成区面积）；对于 17 地市缺省的 2000 年和 2001 年的数据，假设这两年各市占全省建成区总面积的比重与 2002 年相同，则各市建成区面积 = 相应年份全省建城区面积 × 各市建成区占全省的比重。

防护林面积：2000~2017 年山东全省数据和 2007~2017 年 17 地市数据由《山东省统计年鉴》获得；2007 年之前年份的各市数据根据 2007 年各市所占的面积比例和相应年份全省数据计算得到。

耕地面积：山东全省 2000 年和 2001 两年的数据由 2002 年和 2003 年的差值与 2002 年的实际值计算得到；各市的数据根据 2008 年的比例计算得到；2002~2012 年山东全省数据由国土厅提供；2002~2007 年各市的数据由统计年鉴的数据修正后得到，2008~2012 年各市的数据根据全省总数和 2008 年各市耕地占全省的比例计算得到。2017 年的数据由《山东国土资源年鉴 2018》获得。

特别需要说明的是，由于受到金融危机的影响，2008 年和 2009 年，17 地市的 GDP 出现了有差异的异常波动，为了尽量避免其他因素对区域经济协调发展的影响，在计算经济协调度的各项指标时，对这两年的 GDP 进行了修正。具体方法是按照 2005 年、2006 年和 2007 年三年 GDP 的平均增长率推算 2008 年和 2009 年两年的 GDP，再将其代入公式进行运算。

2. 东部、中部、西部的划分

山东省东部、中部、西部的梯度发展明显，一直以来，山东省不断探索区域经济发展战略。从 20 世纪 80 年代的"东西结合，共同发展"，90 年代的"重点突破，梯次推进"到进入 21 世纪以来的"五大板块""一体两翼"和海洋经济发展战略，山东省的区域发展格局逐渐清晰。近几年来，山东省加大统筹区域发展的力度，不断出台新的区域发展规划，促进区域的和谐、共进。2009 年 11

月 23 日，国务院正式批复《黄河三角洲高效生态经济区发展规划》；2011 年 1 月 4 日，国务院批复《山东半岛蓝色经济区发展规划》；2013 年 8 月，山东省委、省政府研究通过《省会城市群经济圈发展规划》和《西部经济隆起带建设发展规划》，自此，山东省"两区一圈一带"区域战略格局正式形成。这一战略格局将山东全省划分为 4 个宏观经济战略区，各区基于不同的资源禀赋和功能定位，协力推动山东省经济社会的全面发展。表 6 - 1 列出了这四个规划区各自所包含的区县范围。

表6-1　　山东省"两区一圈一带"战略规划区及相应范围

规划区	范围
黄河三角洲高效生态经济区	东营市、滨州市，潍坊市的寒亭区、寿光市、昌邑市，德州市的乐陵市、庆云县，淄博市的高青县和烟台市的莱州市
山东半岛蓝色经济区	青岛、东营、烟台、潍坊、威海、日照和滨州市的无棣县、沾化县
省会城市群经济圈	济南、淄博、泰安、莱芜、德州、聊城、滨州
西部经济隆起带	枣庄、济宁、临沂、德州、聊城、菏泽和泰安市的宁阳县、东平县

但是，在本书的研究框架下，这一划分标准在适用性方面存在着一些问题。一方面，不同规划区的范围有重叠。例如，滨州市既包含于黄河三角洲高效生态经济区，其部分县也在蓝色经济区的范围内；聊城市同时出现在省会城市群经济圈和西部隆起经济带中，这会导致实证过程中各部分总和与实际总量不吻合。另一方面，未能清晰体现山东省"十三五"规划当中的"东部提升、中部崛起、西部跨越"的区域经济协调发展目标，进而无法基于实证研究恰当描述土地整治对区域经济协调发展的促进情况。因此，根据研究需要，在综合考虑"十三五"规划、"两区一圈一带"战略、土地整治规划的基础上，本书将山东省 17 地市划分为东部、中部和西部：东部为蓝色经济区中除滨州市以外的六个沿海地市，中部为省

会城市群经济圈中的五个地市，西部为西部隆起带中除泰安市以外的六个地市。需要说明的是，2019年1月，莱芜市并入济南市成立济南市莱芜区，但本书研究的所有数据均截至2017年，所以在测算时依然将莱芜作为中部一个独立的地级市。

6.2.2　省域范围内区域经济协调度测算结果

按照第五章的相应公式，计算山东全省2000～2017年经济协调度及经济环境协调度的各项指标，并将二者合成为最终区域经济协调度，结果如表6-2所示。

由表6-2数据可知，对于区域经济协调度（U）来说，2000～2017年，山东省区域经济协调度曲线式提高，由2000年的0.156上升至2017年的0.627。对于区际经济协调度来说，2000～2017年，山东省的区际经济协调度（U_1）呈现上升的趋势。其中，区域经济增长率差距（V）不断缩小，其数值由2000年的0.612减少至2017年的0.468；区域经济差距（K）不断缩小，其数值由2000年的0.559减少至2016年的0.265，2017年有小幅回升；区际联系强度（I）不断增强，其数值由2000年的0.109上升至2017年的0.175。总体来看，山东省区际经济的协调情况有了明显的改善，地区经济差距趋于收敛，区际联系程度得到不断提高。

表中U_2数值的变化反映了2000～2017年山东省经济与环境的协调程度随时间的变化情况。[①] 2001年，经济环境协调度为0.015，此后，逐年上升，2015达到最高水平，之后小幅回落。从环境的细分指标来看，在这18年中，防护林覆盖率（m_1）呈现明显的上升趋势；耕地覆盖率（m_2）基本保持稳定，未发生大幅度的波动；城市绿地覆盖率（m_3）略有上升。可见，山东省在改善环境方面取得了良好的成效，实现了经济系统与环境系统的同步提升、协调发展。

---

① 由于该指标测算的是相对值，所以2000年的数值为0，但这不代表其完全不协调。

表6-2　　2000~2017年山东省区域经济协调度各项指标计算结果

年份	区际经济协调度					经济环境协调度				区域经济协调度（u）
	V	K	I	U_1	m_1	m_2	m_3	GDP（千亿元）	U_2	
2000	0.6120	0.5590	0.1090	-0.6870	0.0022	0.4802	0.3430	8.5825	0.0000	0.1560
2001	0.5990	0.1560	0.1210	-0.5450	0.0020	0.4835	0.3330	9.6103	0.0150	0.2350
2002	0.5840	0.1750	0.1280	-0.5440	0.0018	0.4867	0.3300	10.8573	0.0470	0.2510
2003	0.6030	0.2050	0.1140	-0.5650	0.0037	0.4835	0.3550	12.9210	0.1360	0.2860
2004	0.6030	0.2930	0.1170	-0.5930	0.0047	0.4801	0.3660	15.6393	0.3160	0.3620
2005	0.6190	0.1340	0.1100	-0.5470	0.0032	0.4785	0.0270	19.1159	0.9630	0.7080
2006	0.6020	0.1670	0.1100	-0.5530	0.0038	0.4776	0.3740	22.6372	0.8200	0.6330
2007	0.5730	0.1720	0.1230	-0.5400	0.0043	0.4778	0.3940	26.9461	0.8920	0.6760
2008	0.5570	0.361	0.1320	-0.5950	0.0057	0.4783	0.3980	31.6439	0.9110	0.6580
2009	0.5280	0.3780	0.1410	-0.5890	0.0072	0.4783	0.4120	34.5619	0.9010	0.6560
2010	0.5150	0.2240	0.1440	-0.5320	0.0083	0.4777	0.4150	40.1842	0.9510	0.7100
2011	0.5030	0.2590	0.1490	-0.5370	0.0083	0.4769	0.4150	46.1414	0.9940	0.7280
2012	0.5000	0.2670	0.1450	-0.5410	0.0078	0.4860	0.4210	50.8838	0.9400	0.7000
2013	0.5000	0.2600	0.1410	-0.5400	0.0078	0.4858	0.4260	54.6843	0.9650	0.7130
2014	0.4950	0.2040	0.1410	-0.5200	0.0072	0.4850	0.4280	59.4266	0.9940	0.7370
2015	0.4840	0.6160	0.1630	-0.6460	0.0065	0.4844	0.4230	63.0023	1.0000	0.6770
2016	0.4690	0.2650	0.1820	-0.5170	0.0038	0.4841	0.4230	67.0082	0.9560	0.7190
2017	0.4680	0.5440	0.1750	-0.6130	0.0027	0.4830	0.4210	72.6342	0.8670	0.6270

资料来源：根据具体测算数据整理得到。

6.2.3 东部、中部、西部区域经济协调度测算结果

前述分析了山东全省区域经济协调度的历年变化情况，那么，在不同的区域内部，区域经济的协调程度又有怎样的变化趋势？在对东部、中部、西部的数据分别进行整理、计算之后，得出如表 6-3 和表 6-4 所示的计算结果。这两个表分别展示了区域经济协调度一级（U）、二级（U_1、U_2）和三级指标的计算结果。

表 6-3　　　2000~2017 年山东省各地区区域经济

协调度一级、二级指标计算结果

年份	区际经济协调度 U_1			经济环境协调度 U_2			区域经济协调度 U		
	东部	中部	西部	东部	中部	西部	东部	中部	西部
2000	-0.6941	-0.3961	-0.6210	0.0000	0.0000	0.0000	0.1529	0.3020	0.1895
2001	-0.5250	-0.3785	-0.6071	0.0103	0.0198	0.0150	0.2450	0.3182	0.2040
2002	-0.5406	-0.3696	-0.6153	0.0471	0.1262	0.0686	0.2530	0.3385	0.2156
2003	-0.5461	-0.4200	-0.5980	0.1408	0.2364	0.1413	0.2949	0.3579	0.2689
2004	-0.5767	-0.4375	-0.6475	0.3396	0.3577	0.2544	0.3699	0.4395	0.3345
2005	-0.5310	-0.3687	-0.5971	0.9954	0.8927	0.9115	0.7159	0.7970	0.6828
2006	-0.5174	-0.3985	-0.6197	0.8783	0.8431	0.7114	0.6511	0.7105	0.6000
2007	-0.5231	-0.3736	-0.6316	0.9414	0.9112	0.8175	0.6844	0.7591	0.6302
2008	-0.6708	-0.3747	-0.6646	0.8831	0.7230	0.9681	0.6202	0.7682	0.6233
2009	-0.6022	-0.4858	-0.6555	0.8715	0.7815	0.9285	0.6493	0.7074	0.6226
2010	-0.5245	-0.3332	-0.6886	0.9300	0.8355	0.9753	0.7135	0.8091	0.6314
2011	-0.5589	-0.3641	-0.6616	0.9888	0.8950	0.9989	0.7174	0.8148	0.6661
2012	-0.5327	-0.4386	-0.6456	0.9599	0.9860	0.9488	0.7035	0.7506	0.6471
2013	-0.5321	-0.4366	-0.4507	0.9999	0.9957	0.9847	0.7164	0.7642	0.9085
2014	-0.5174	-0.4240	-0.4407	0.9919	0.9992	1.0000	0.7384	0.7851	0.9321
2015	-0.6237	-0.4357	-0.4788	0.9403	0.9969	0.9980	0.6879	0.7819	0.9125
2016	-0.5828	-0.3929	-0.4112	0.7760	0.9461	0.9641	0.6867	0.7816	0.9270
2017	-0.5233	-0.5463	-0.4263	0.6790	0.8579	0.8869	0.6717	0.6602	0.8642

资料来源：根据具体测算数据整理得到。

表6-4　2000~2012年山东各地区区域经济协调度三级指标计算结果

指标	地区	2000年	2001年	2002年	2003年	2004年	2005年	2006年	2007年	2008年
增长率变差系数	东部	0.6960	0.1840	0.2140	0.2450	0.3260	0.1740	0.1420	0.1840	0.0930
	中部	0.1860	0.1440	0.1290	0.2800	0.3510	0.1530	0.2460	0.1700	0.1390
	西部	0.2100	0.1610	0.1750	0.1100	0.2460	0.0860	0.1410	0.1670	0.0960
人均GDP变差系数	东部	0.4920	0.4760	0.4590	0.4890	0.5070	0.5350	0.5320	0.5060	0.5150
	中部	0.4140	0.4010	0.3930	0.3970	0.3490	0.3330	0.2900	0.2680	0.2490
	西部	0.3170	0.3230	0.3250	0.3320	0.3380	0.3330	0.3200	0.3130	0.3110
Moran's I 指数	东部	0.1060	0.0850	0.0510	0.0950	0.1030	0.1160	0.1210	0.1210	0.0760
	中部	0.4120	0.4090	0.4130	0.4170	0.3880	0.3800	0.3410	0.3170	0.3130
	西部	-0.3360	-0.3370	-0.3460	-0.3520	-0.3590	-0.3720	-0.3980	-0.4150	-0.430
防护林覆盖率	东部	0.0020	0.0019	0.0016	0.0034	0.0043	0.0029	0.0034	0.0040	0.0065
	中部	0.0030	0.0028	0.0024	0.0051	0.0066	0.0044	0.0052	0.0060	0.0077
	西部	0.0019	0.0018	0.0015	0.0032	0.0041	0.0027	0.0033	0.0038	0.0039
耕地覆盖率	东部	0.4078	0.4088	0.4085	0.4044	0.4003	0.3992	0.3953	0.3952	0.3983
	中部	0.4352	0.4361	0.4163	0.4111	0.4087	0.4062	0.4016	0.4010	0.4663
	西部	0.5738	0.5805	0.5820	0.5800	0.5792	0.5768	0.5709	0.5719	0.5610

续表

指标	地区	2000年	2001年	2002年	2003年	2004年	2005年	2006年	2007年	2008年
城市绿地覆盖率	东部	0.3716	0.3533	0.3450	0.3664	0.3743	0.0311	0.3933	0.4143	0.4103
	中部	0.3229	0.3257	0.3394	0.3621	0.3766	0.0249	0.3674	0.3971	0.3948
	西部	0.3100	0.2983	0.2860	0.3199	0.3370	0.0218	0.3397	0.3430	0.3739
GDP（千亿元）	东部	3.9797	4.4605	5.0334	5.9702	7.3057	8.9419	10.6579	12.6003	14.6352
	中部	2.3712	2.6481	2.9785	3.5493	4.1819	5.0868	5.9741	7.1315	8.5371
	西部	2.2316	2.5017	2.8453	3.4014	4.1517	5.0872	6.0052	7.2143	8.4716

指标	地区	2009年	2010年	2011年	2012年	2013年	2014年	2015年	2016年	2017年
增长率变差系数	东部	0.0930	0.1540	0.2460	0.1760	0.1793	0.1783	0.5185	0.4290	0.2558
	中部	0.1390	1.2160	0.1560	0.3520	0.3254	0.3009	1.2953	0.1776	0.7675
	西部	0.0960	1.6780	0.2670	0.2300	0.2216	0.1689	0.3147	0.0989	0.2101
人均GDP变差系数	东部	0.5250	0.4630	0.4550	0.4580	0.4506	0.4382	0.4102	0.3813	0.3848
	中部	0.2370	0.2350	0.2350	0.2390	0.2419	0.2504	0.2631	0.2714	0.2427
	西部	0.3110	0.2720	0.2480	0.2390	0.2220	0.2211	0.2092	0.2077	0.2045
Moran's I 指数	东部	0.0950	0.0430	0.0240	0.0280	0.0334	0.0644	0.0574	0.0620	0.0708
	中部	0.3150	0.3460	0.2990	0.2780	0.2576	0.2791	0.2602	0.2702	0.3714
	西部	-0.4430	-0.4510	-0.4700	-0.4850	-0.4525	-0.4728	-0.4631	-0.4557	-0.4689

续表

指标		地区	2009 年	2010 年	2011 年	2012 年	2013 年	2014 年	2015 年	2016 年	2017 年
防护林覆盖率		东部	0.0084	0.0095	0.0086	0.0078	0.0075	0.0078	0.0060	0.0024	0.0021
		中部	0.0079	0.0102	0.0111	0.0110	0.0091	0.0082	0.0084	0.0051	0.0033
		西部	0.0056	0.0061	0.0066	0.0060	0.0073	0.0060	0.0060	0.0044	0.0030
耕地覆盖率		东部	0.3983	0.3978	0.3972	0.4064	0.4004	0.3993	0.3989	0.3989	0.3982
		中部	0.4663	0.4657	0.4650	0.4293	0.4449	0.4442	0.4435	0.4432	0.4417
		西部	0.5610	0.5603	0.5594	0.5926	0.5820	0.5814	0.5807	0.5801	0.5789
城市绿地覆盖率		东部	0.4185	0.4215	0.4298	0.4339	0.4384	0.4368	0.4207	0.4213	0.4183
		中部	0.4003	0.4057	0.4056	0.4162	0.4255	0.4282	0.4310	0.4319	0.4338
		西部	0.4105	0.4102	0.3947	0.4013	0.4026	0.4098	0.4172	0.4153	0.4128
GDP（千亿元）		东部	15.9197	18.4453	21.0656	23.2870	25.3412	27.3136	29.0397	30.9539	33.5587
		中部	9.3282	10.9268	12.4203	13.5270	14.6313	15.7669	16.4100	17.4378	18.9975
		西部	9.3140	10.8121	12.6555	14.0698	15.5455	16.6847	17.6228	18.8236	20.2516

资料来源：根据具体测算数据整理得到。

由表 6 - 3 数据可知，2000 ~ 2017 年，山东省东部、中部、西部的区域经济协调度均呈现增长的趋势且中部的协调程度要略高于东部和西部。从具体数据来看，东部由 2000 年的 0.1529 上升为 2017 年的 0.6717；中部由 0.3020 上升为 2017 年的 0.6602，西部由 0.1895 上升为 2017 年的 0.8642。

对区际经济的协调程度来说，除西部的区际差距有缩小趋势之外，东部和中部的区际经济协调度均处在波动中，上升或者下降的趋势不明显。东部地区区际经济协调度的最低值为 2000 年的 - 0.6941，最高值为 2006 年和 2014 年的 - 0.5174；中部地区区际经济协调度的最低值为 2017 年的 - 0.5463，最高值为 2010 年的 - 0.3332；西部地区区际经济协调度的最低值为 2010 年的 - 0.6886，最高值为 2016 年的 - 0.4112。

对于经济与环境的协调程度来说，东部、中部、西部的经济环境协调度均有提高的趋势。东部地区经济环境协调度由 2001 年的 0.0103 上升为 2015 年的 0.9403；中部地区经济环境协调度由 2001 年的 0.0198 上升为 2015 年的 0.9969；西部地区经济环境协调度由 2001 年的 0.0150 上升为 2015 年的 0.9980，三个区域的经济环境协调度都在 2015 之后有小幅下降。

表 6 - 4 中数据展示了 2000 ~ 2017 年山东省东部、中部、西部地区区域经济协调度三级指标的计算结果。对于增长率变差系数来说，2013 年之前，东部和西部的变差系数略高于中部，且在东部、西部呈现较明显的下降趋势，而中部地区一直在 0.15 上下波动，上升或下降的走势不明显，2014 ~ 2017 年三个区域的数值波动都比较明显。人均 GDP 变差系数呈现为东部最高，中部最低，说明东部的经济差距最大，中部最小；从人均 GDP 变差系数的变化趋势来看，中部和西部的下降趋势明显，说明这两个地区的经济差距趋于收敛，而东部收敛性不明显。代表区际联系强度的 Moran's I 指数在中部最高，东部其次，西部最低且为负数，说明中部地区区际联系最密切，东部稍弱，而西部未表现出经济聚集特性，经济联

系程度较低；从 Moran's Ⅰ指数的变化趋势来看，三个地区均逐年走低，说明区际联系强度逐渐减弱。从代表生态环境完善程度的三个指标——防护林覆盖率、森林覆盖率和城市绿地覆盖率的历年测算数值来看，东部、中部、西部的防护林覆盖率和城市绿地覆盖率均呈现逐渐提高的趋势，耕地覆盖率没有出现大幅的变化，一直在 0.4 ~ 0.6 的范围内上下波动。可以说，山东省东部、中部、西部地区的生态环境是随着经济的发展而同步改善的。

从以上分析可知，不论是山东全省还是东部、中部、西部地区，区域经济协调程度在近十多年中均有向好的趋势，特别是经济与环境的协调程度较之前有了明显的提升。

6.3 土地整治规模与区域经济协调度的回归分析

6.3.1 省域范围内的回归结果

1. 单位根检验结果

按照上一章单位根检验的步骤，对山东省土地整治规模和区域经济协调发展度两组数据进行单位根检验。为增加时间序列的平稳性，首先对土地整治和区域经济协调度两个序列取对数（$\ln X_{LC}$、$\ln Y_{RC}$）。之后，根据数据的变化趋势判断 ADF 检验的模型形式。2000 ~ 2017 年山东省土地整治规模以及区域经济协调度的变化趋势如图 6 - 3 和图 6 - 4 所示。

图 6 - 3 和图 6 - 4 中曲线均有增加的趋势，且趋势呈现出某种规律，因此，在 ADF 检验中选择既包括常数项又包括时间趋势的模型形式。单位根检验的结果如表 6 - 5 所示。由表 6 - 5 数据可知，$\ln X_{LC}$ 和 $\ln Y_{RC}$ 均为不平稳序列，经过一阶差分以后在 1% 的置信水平下拒绝原假设，两个序列平稳，即 $\ln X_{LC} \sim I$（1）、$\ln Y_{RC} \sim I$（1）。

土地整治规模（公顷）

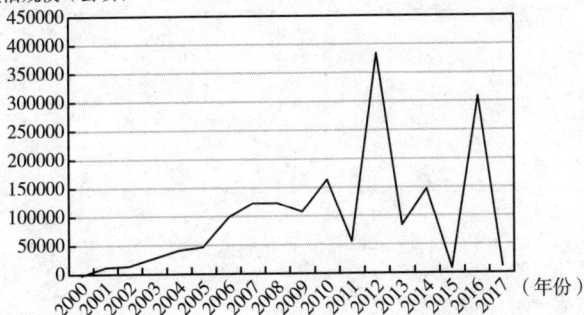

图 6 - 3　2000～2017 年山东省土地整治规模走势

资料来源：2000～2012 年数据由国土部门提供，2013～2017 年数据由《山东国土资源年鉴》（2014～2018 年）整理得到。

（区域经济协调度）

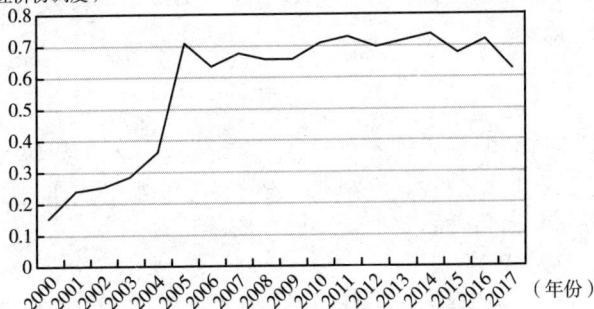

图 6 - 4　2000～2017 年山东省区域经济协调度走势

资料来源：由实际测算结果整理得到。

表 6 - 5　　　　　　　　　　省域范围内单位根检验结果

变量	ADF 统计量	（C，T，L）	显著水平下的临界值			结果
			1%	5%	10%	
$\ln X_{LC}$	- 2. 006975	（c，t，0）	- 4. 80008	- 3. 79117	- 3. 34225	不平稳
$\Delta \ln X_{LC}$ ***	- 5. 264847	（c，t，0）	- 4. 88643	- 3. 82898	- 3. 36298	平稳

变量	ADF 统计量	（C，T，L）	显著水平下的临界值			结果
			1%	5%	10%	
$\ln Y_{RC}$	-1.686203	（c，t，0）	-4.61621	-3.71048	-3.29780	不平稳
$\Delta \ln Y_{RC}$***	-4.728154	（c，t，0）	-4.66788	-3.7332	-3.31035	平稳

注：变量中△代表一阶差分；（C，T，L）括号内前两个字符表示检验的类型，第一个字符代表是否含常数项，含常数项用 c 表示，不含常数项用 0 表示；第二个字符代表是否含趋势项，含趋势项用 t 表示，不含趋势项用 0 表示；第三个字符表示滞后的阶数；*** 表示在 1% 水平上显著。

资料来源：表中数据由 Eviews 计算结果整理得到。

2. 协整检验结果

由以上单位根检验结果可知，$\ln X_{LC}$ 和 $\ln Y_{RC}$ 为同阶单整，所以可对二者进行协整检验。建立如下的回归模型，并对相应的残差进行 ADF 检验。

$$\ln Y_{RC} = \beta_0 + \beta_1 \ln X_{LC} + \varepsilon_t \qquad (6.1)$$

残差的检验结果见表 6-6，由表 6-6 所示的单位根检验结果可知，回归模型的残差序列在 1% 的显著性水平下通过了单位根检验，说明 $\ln X_{LC}$ 和 $\ln Y_{RC}$ 存在长期的协整关系。

表 6-6 省域范围内协整回归模型残差的单位根检验结果

变量	ADF 统计量	（C，T，L）	显著水平下的临界值			结果
			1%	5%	10%	
e***	-5.099686	（c，t，0）	-4.61621	-3.71048	-3.29780	平稳

注：*** 表示在 1% 水平上显著。

资料来源：表中数据由 Eviews 计算结果整理得到。

3. 格兰杰因果检验

根据前面的分析，土地整治对区域经济协调发展的影响存在较长的时间滞后性，所以，需先对土地整治规模的时间序列进行前推处理，之后再对二者进行格兰杰因果关系的检验。经过多次试验，发现土地整治规模前推两期的时间序列与区域经济协调度序列有明显的因果关系。格兰杰因果检验结果如表6-7所示。

表6-7 省域范围内格兰杰因果检验结果

检验的原假设	滞后长度	F检验统计量	F统计量的概率值	对原假设的判断
土地整治不是区域经济协调度的因	1	1.76068	0.2092	不能拒绝原假设
区域经济协调度不是土地整治的因	1	2.42660	0.1453	不能拒绝原假设
土地整治不是区域经济协调度的因	2	6.83012	0.0157	拒绝原假设
区域经济协调度不是土地整治的因	2	0.26400	0.7737	不能拒绝原假设

资料来源：表中数据由Eviews计算结果整理得到。

由检验结果可知，在滞后一期的情况下，土地整治与区域经济协调度之间没有明显的格兰杰因果关系，而在滞后两期的情况下，可以拒绝"土地整治不是区域经济协调度的因"这一假设，但是仍不能拒绝"区域经济协调度不是土地整治的因"。由此可以判定，土地整治是区域经济协调度的因，但是区域经济协调度不是土地整治的因。至此，完成了格兰杰因果检验。检验结果很好地验证了在山东省省域范围内，土地整治项目的开展的确对区域经济协调发展有促进作用。

4. 回归模型的构建

通过以上检验，可确定 $\ln X_{LC}$ 和 $\ln Y_{RC}$ 两个时间序列为同阶平稳且长期协整，并且二者之间存在着"X_{LC} 是 Y_{RC} 的因，Y_{RC} 不是 X_{LC} 的因"的格兰杰因果关系。在此基础上再进行回归模型的构建，可保证模型有效、可信。

利用Eviews软件对双对数回归模型 $\ln Y_{RC} = \beta_0 + \beta_1 \ln X_{LC(-2)} + \varepsilon_t$ 进行估计。模型中，被解释变量为区域经济协调度，解释变量为土地整治规模，时间范围是2000~2017年，构建的估计方程为：

$$\ln Y_{RC} = \hat{\beta}_0 + \hat{\beta}_1 \ln X_{LC(t-2)} \tag{6.2}$$

对方程（6.2）进行最小二乘法估计，得到估计结果如下：

$$\ln Y_{RC} = -2.35 + 0.17 \ln X_{LC} \tag{6.3}$$

$$R^2 = 0.66; S.E. = 0.21; F = 28.09(0.0001); DW = 1.56$$

可知，模型的判定系数 $R^2 = 0.66$，根据第五章中对拟合优度优良的判定标准，认为这一模型的解释性较强。对于参数的估计来说，系数 $\hat{\beta}_1$ 和常数项 $\hat{\beta}_0$ 都在 1% 的显著性水平上通过了 t 检验，说明参数估计在统计意义上可信。同时，模型整体也在 1% 的显著性水平上通过了 F 检验。DW 值接近 2，不存在异方差问题。

从回归结果的现实意义上来看，弹性系数为 0.17 > 0，说明土地整治的确对区域经济协调发展有正向的促进作用，土地整治规模增加 1%，将促进区域经济协调度相应提高 0.17%（见表 6 - 8）。

表 6 - 8　　　　　　省域范围内回归方程估计结果

变量	结果	统计量（t）	P 值
常数项 β_0 ***	-2.353805	-6.775024	0.0000
回归系数 β_1 ***	0.170584	5.299914	0.0001

注：*** 表示在 1% 水平上显著。

资料来源：表中数据由 Eviews 计算结果整理得到。

6.3.2　东部、中部、西部的回归结果

1. 单位根检验

对东部、中部、西部地区的土地整治规模序列和区域经济协调度序列取对数后分别进行单位根检验，其检验结果如表 6 - 9 所示。由表 6 - 9 可知，三个地区的序列均为零阶单整，符合回归模型构建时对于变量平稳的要求。

表 6 - 9　　　　　　　　　　山东省各地区单位根检验结果

地区	变量	ADF 统计量	(C, T, L)	显著水平下的临界值			结果
				1%	5%	10%	
东部	LnX_{DLC}	-3.346699	(c, t, 1)	-4.6679	-3.7105	-3.2978	不平稳
	ΔLnX_{DLC}***	-10.3248	(c, t, 0)	-4.6678	-3.7332	-3.3103	平稳
	LnX_{DRC}	-2.05561	(c, t, 0)	-4.6162	-3.7105	-3.2978	不平稳
	ΔLnY_{DRC}***	-4.7095	(c, t, 0)	-4.6679	-3.7332	-3.3103	平稳
中部	lnX_{ZLC}	-1.420262	(c, t, 0)	-4.7284	-3.7597	-3.3250	不平稳
	ΔlnX_{ZLC}**	-5.432749	(c, t, 3)	-4.8864	-3.828975	-3.3630	平稳
	lnX_{ZRC}	-1.304652	(c, t, 0)	-4.6162	-3.7105	-3.2978	不平稳
	ΔlnY_{ZRC}***	-4.998333	(c, t, 0)	-4.6679	-3.7332	-3.310349	平稳
西部	LnX_{XLC}	-3.244885	(c, t, 1)	-4.6679	-3.7332	-3.3103	不平稳
	ΔlnX_{XLC}***	-11.13776	(c, t, 0)	-4.6679	-3.7332	-3.3103	平稳
	LnX_{XRC}	-1.479665	(c, t, 0)	-4.6162	-3.7105	-3.2978	不平稳
	ΔlnY_{XRC}**	-4.222747	(c, t, 0)	-4.6679	-3.7332	-3.3103	平稳

注：*** 表示在1% 水平上显著；** 表示在5% 水平上显著。
资料来源：表中数据由 Eviews 计算结果整理得到。

2. 协整检验

前述的单位根检验说明三个地区的 lnX_{LC} 和 lnY_{RC} 均为零阶单整，可对其进行协整检验。首先，分别对东部、中部、西部地区的土地整治规模序列和区域经济协调度序列建立如下的协整方程：

$$lnY_{DRC} = \beta_{D0} + \beta_{D1} lnX_{DLC} + \varepsilon_{Dt} \qquad (6.4)$$

$$lnY_{ZRC} = \beta_{Z0} + \beta_{Z1} lnX_{ZLC} + \varepsilon_{Zt} \qquad (6.5)$$

$$lnY_{XRC} = \beta_{X0} + \beta_{X1} lnX_{XLC} + \varepsilon_{Xt} \qquad (6.6)$$

将数据代入相应地区的方程中，计算得到残差序列并检验其平稳性，结果如表6 - 10 所示。由表6 - 10 中残差的单位根检验结果可知，协整回归模型的残差均为平稳序列。由此可以推断，东部、中部、西部地区的 lnX_{LC} 和 lnY_{RC} 具有长期稳定的关系。

表 6 – 10 山东省各地区协整回归模型残差的单位根检验结果

地区	变量	ADF 统计量	(C, T, L)	显著水平下的临界值			结果
				1%	5%	10%	
东部	e^{**}	– 4.278460	(c, t, 0)	– 4.6162	– 3.7105	– 3.2978	平稳
中部	e^{**}	– 3.805124	(c, 0, 3)	– 4.0579	– 3.1199	– 2.7011	平稳
西部	e^{**}	– 3.880953	(c, 0, 0)	– 3.9591	– 3.081	– 2.6813	平稳

注：** 表示在 5% 水平上显著。

资料来源：表中数据由 Eviews 计算结果整理得到。

3. 格兰杰因果检验

三个地区的土地整治规模和区域经济协调度序列均通过了单位根检验和协整检验，接下来可对其进行格兰杰因果检验，进一步验证土地整治是否为区域经济协调发展的因。

表 6 – 11 为东部、中部、西部地区格兰杰因果检验结果。从表 6 – 11 可知，东部地区在滞后 2 期时，拒绝了"土地整治不是区域经济协调度的因"的原假设，但不能拒绝"区域经济协调度不是土地整治的因"的原假设，通过了格兰杰因果检验；中部地区在滞后 1 期和滞后 2 期时，均通过了格兰杰因果检验；西部地区在滞后 2 期和 3 期时，均未得到"土地整治是区域经济协调度的因"的结果，可见，东部和中部地区所开展的土地整治工程对于本地区的区域经济协调发展有明显的影响作用，而西部地区的作用不明显。

表 6 – 11 山东省各地区格兰杰因果检验结果

地区	检验的原假设	滞后长度	F 检验统计量	F 统计量的概率值	对原假设的判断
东部	土地整治不是区域经济协调度的因	1	2.28856	0.1562	不能拒绝原假设
	区域经济协调度不是土地整治的因	1	2.54539	0.1366	不能拒绝原假设
	土地整治不是区域经济协调度的因	2	4.40258	0.0464	拒绝原假设
	区域经济协调度不是土地整治的因	2	0.14399	0.8679	不能拒绝原假设

续表

地区	检验的原假设	滞后长度	F检验统计量	F统计量的概率值	对原假设的判断
中部	土地整治不是区域经济协调度的因	1	0.04809	0.8301	拒绝原假设
	区域经济协调度不是土地整治的因	1	1.80200	0.2043	不能拒绝原假设
	土地整治不是区域经济协调度的因	2	8.61762	0.0081	拒绝原假设
	区域经济协调度不是土地整治的因	2	1.22500	0.3384	不能拒绝原假设
西部	土地整治不是区域经济协调度的因	2	0.35901	0.7079	不能拒绝原假设
	区域经济协调度不是土地整治的因	2	0.71953	0.5130	不能拒绝原假设
	土地整治不是区域经济协调度的因	3	0.37230	0.7764	不能拒绝原假设
	区域经济协调度不是土地整治的因	3	0.59204	0.6426	不能拒绝原假设

资料来源：表中数据由 Eviews 计算结果整理得到。

4. 回归模型

从以上检验结果可知，东部和中部地区的土地整治规模与区域经济协调度两个变量符合构建回归模型的条件，而西部地区由于未通过格兰杰因果关系检验，即使构建模型也会失去现实意义，所以，以下主要针对东部和中部地区进行模型的构建。

东部地区的双对数估计方程为 $\ln Y_{DRC} = \hat{\beta}_{D0} + \hat{\beta}_{D1} \ln X_{DLC}$，用最小二乘法得到的估计结果是（见表6-12）：

$$\ln Y_{DRC} = -1.81 + 0.13 \ln X_{DLC} \tag{6.7}$$

$$R^2 = 0.55 ; S.E. = 0.24 ; F = 16.98(0.001) ; DW = 1.56$$

表6-12　　　　　　　东部地区回归方程估计结果

变量	结果	统计量（t）	P值
回归系数 β_1 ***	0.133712	4.121051	0.001
常数项 β_0 ***	-1.810595	-5.714293	0.001

注：*** 表示在1%水平上显著。

资料来源：表中数据由 Eviews 计算结果整理得到。

中部地区的双对数估计方程为 $lnY_{ZRC} = \hat{\beta}_{Z0} + \hat{\beta}_{Z1}lnX_{ZLC}$，用最小二乘法得到的估计结果如下（见表6－13）：

$$lnY_{ZRC} = 11.92 + 6.81lnX_{ZLC} \qquad (6.8)$$

$R^2 = 0.648744; S.E. = 1.015547; F = 20.31616(0.000890); DW = 2.19$

表 6－13　　　　　　　　中部地区回归方程估计结果

变量	结果	统计量（t）	P 值
回归系数 β_1 ***	6.805912	4.507345	0.0009
常数项 β_0 ***	11.92265	0.632671	0.0000

注：*** 表示在 1% 水平上显著。

资料来源：表中数据由 Eviews 计算结果整理得到。

由东部和中部的方程估计结果可知，两个方程的拟合度均达到了 0.5 以上，说明方程右侧的土地整治规模函数在较大程度上解释了左侧区域经济协调度的变化；系数和常数项都在 1% 的显著性水平上通过了 t 检验，说明参数估计在统计意义上可信。同时，模型整体也在 1% 的显著性水平上通过了 F 检验；DW 值分别为 1.56 和 2.19，非常接近 2，说明回归模型不存在异方差。可见，所构建的东部、中部两个回归模型通过了统计和计量两个方面的检验，回归模型可信。

从经济意义上来看，东部和中部土地整治规模对区域经济协调度的弹性系数均大于 0，说明两个地区的土地整治对区域经济协调发展有明显的促进作用；而两个地区相比较来说，土地整治规模同样增加 1%，东部地区的区域经济协调度相应提高 0.13 个百分点，中部地区则提高 6.81 个百分点。可见，山东中部地区的土地整治工程对于提高落后地区经济发展水平、缩小地区间差距、改善生态环境等方面具有更显著的成效。

6.4 存在的问题及成因分析

6.4.1 经济协调程度不一，中部高于东部、西部

图6-5、图6-6、图6-7分别展示了山东省东部、中部、西部区际经济协调度、经济环境协调度和区域经济协调度的变化趋势。由图可见，三个地区的经济环境协调度比较接近，而中部地区的区际经济协调度和区域经济协调度在2012年之前均高于东部和西部地区。其直接原因是中部地区的区际联系强度最高，而东部和西部地区的区际联系相对较弱（见图6-5），说明地区内部的经济往来较少，彼此依赖程度较低。2012年之后，西部的区域经济协调度有了明显的提高，超过了东部和中部。

此外，相对于东部和西部，中部地区各市县的地理位置更加集中，有利于加强彼此之间的经济联系。特别是在"省会城市群经

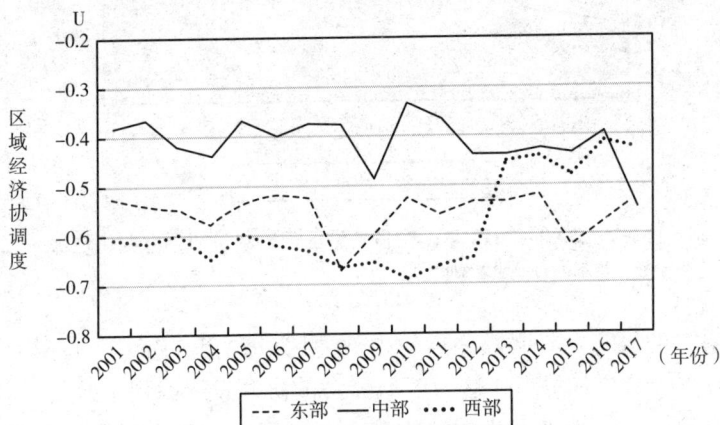

图6-5 2000~2017年山东省各地区区际经济协调度变化趋势

资料来源：根据测算结果整理得到。

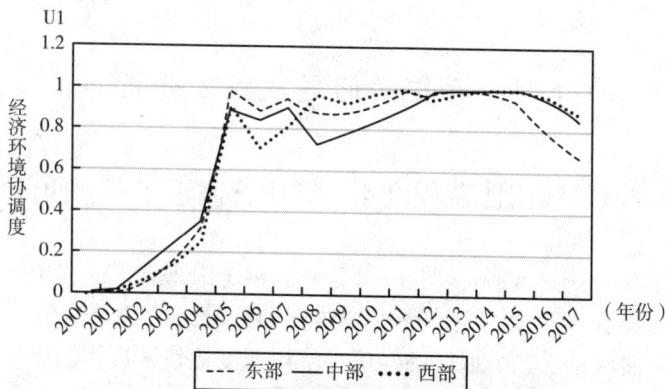

图6-6 2000~2017年山东省各地区经济环境协调度变化趋势
资料来源：根据测算结果整理得到。

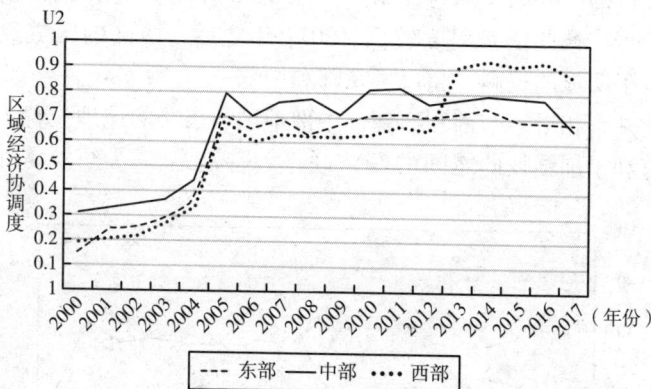

图6-7 2000~2017年山东省各地区区域经济协调度变化趋势
资料来源：根据测算结果整理得到。

济圈"的战略方向明确之后，中部地区以省会济南为中心的一体化发展模式更加清晰，这为区域经济的协调发展找到了政策依托。东部地区由于被进一步划分为蓝、黄经济区，使区域发展重点不一，这在某种程度上阻碍了地区经济的联系。西部地区的发展定位是"西部隆起带"，其区域形态在地理位置上表现为带状分布，在无形中增加了经济体相互联系的成本，为区域经济的协调发展带来了一定的难度。

所以，东部和西部地区需要充分发挥土地整治对于促进区域经济联系的作用，调整土地利用结构，使区域空间向着更有利于区际要素和商品自由流动的布局模式转变，加强区际交通条件的改善，促进区域经济协调发展的目标尽快实现。

6.4.2 山东全省土地整治的实施效果不明显

由山东全省土地整治规模与区域经济协调度的回归结果看，弹性系数为0.17，虽然大于0，但数值较小，说明土地整治对区域经济协调发展有促进作用，但是效果不明显。

分析这一问题的成因，首先应从东部、中部、西部地区回归模型的弹性系数入手。东部地区的弹性系数为0.13，中部为6.81，而西部无直接的线性回归关系，可见，山东全省的弹性系数主要被西部地区拉低。其次，地区间城乡建设用地增减挂钩指标交易平台尚未搭建，土地整治的成果无法转变为可在地区之间自由流动的生产要素，从而在一定程度上堵塞了落后地区获取资金的渠道，减缓了其经济增长的速度。最后，土地整治没有从根本上改变中部、西部地区在交通运输、产业配套设施、公共服务等各方面的落后状态，从而无法满足东部地区计划移入的产业对于投资硬环境的要求，所以，未能加快东部地区产业向中部、西部地区转移的速度。

从以上分析可知，为了使山东全省的土地整治对区域经济协调发展产生更明显的促进作用，应积极引导西部地区开展以区域经济协调发展为目标的土地整治、促进城乡建设用地增减挂钩指标交易平台的搭建以及改善中部、西部地区产业投资环境，促进产业转移。只有这样，土地整治才能真正发挥其对于区域空间布局的平衡和优化作用，推动区域经济的协调发展。

6.4.3 西部地区土地整治的作用尚未体现

由前述对山东全省及东部、中部、西部地区的格兰杰因果检验和回归模型的构建可知，全省和东部、中部地区通过了格兰杰因果检验，说明土地整治规模是区域经济协调度的因，即土地整治促进了区域经济协调发展；但西部地区并没有通过检验，土地整治对于区域经济协调发展未发挥出应有的作用。

究其原因，主要有三点。第一，长期以来，由于区位条件、历史与文化背景的差异，使得山东省西部地区基础设施落后，经济发展的起点低、底子薄，这种基础差距对西部地区经济的长远发展造成了深远的影响。虽然西部地市的农业生产条件比较好，部分自然资源如煤炭、石油等储量较大，但生产力水平较低，资源的配置效率不高，土地整治对区域经济的作用在短时间内难以有效地发挥出来。第二，土地整治未能有效提升西部地区农业产业化的水平。山东省西部地区的农业所占比重大，如果土地整治不能促进农业规模化、产业化经营，则无法提升其农业整体生产力，西部地区的经济崛起也就无从谈起。第三，对于西部地区的产业承接来说，土地整治未能充分发挥其在调整产业用地布局方面的作用，从而阻碍了产业结构优化升级的速度，不利于该地区经济的协调发展。

因此，西部地区应加强土地整治对农业产业化经营和产业承接的作用。一方面，整理碎片化土地，促进农用地的连片利用规模，为农业新技术的引进创造良好的条件，提高农业现代化水平；同时，加大对基础产业和资源开发加工项目等的支持力度，以加快西部地区的农业产业化进程，增强其经济发展的活力。另一方面，通过整合、归并现有产业用地，提高土地的集约利用程度，促进产业集聚，扩大规模经济和集聚经济的作用范围，提升区域产业的整体竞争实力。

6.5 本章小结

本章在分析了山东省土地利用、土地整治和区域经济协调发展现状的基础上，运用第 5 章所构建的实证模型，基于山东省实际数据，进行了实证分析，并得出了相应测算结果。现将本章主要内容总结如下。

第一，深入分析了山东省土地利用情况和土地整治项目实施现状。将山东省土地利用的特点总结为四个方面，分别是：山东全省土地利用率较高，以农用地为主；农用地以耕地为主，人均耕地面积逐年减少；建设用地以农村居民点为主，用地模式粗放；未利用地以荒草地和盐碱地为主，主要分布在黄河三角洲部分地市。

第二，测算了山东全省以及东部、中部、西部地区的区域经济协调度。测度结果显示，全省以及东部、中部、西部的区域经济协调度在 2009 年之前逐年提高，之后略有下降；生态环境不断改善，经济与环境的协调程度逐年上升；区际经济协调程度一直处于波动状态，上升趋势不明显。

第三，对土地整治规模与区域经济协调度之间的因果关系进行了检验。从检验结果来看，山东全省以及东部和中部地区所开展的土地整治促进了区域经济的协调发展，但在西部地区，这一促进作用表现不明显。

第四，针对山东全省和东部、中部地区，构建了土地整治规模和区域经济协调度之间的双对数回归模型。模型结果中，土地整治规模对区域经济协调发展的弹性系数分别是 0.17、0.13 和 6.81，说明土地整治规模增加 1%，将促进山东全省的区域经济协调度相应提高 0.17%、东部地区的区域经济协调度提高 0.13%、中部地区的区域经济协调度提高 6.81%。这一结果与山东省实际情况相符，说明了该模型可信；同时，验证了本书对于土地整治促进区域经济协调发展的理论假设。

第五，根据实证分析的结果，总结出目前山东省在实施土地整治的过程中所存在的问题，主要有三点：经济协调程度不一，中部高于东部、西部；全省土地整治的实施效果不明显；西部地区土地整治的作用尚未体现。

第7章

土地整治促进区域经济协调
发展的实现路径

运用土地政策对区域经济布局进行调控，既是西方发达国家的成功经验，也是我国区域经济发展呈现新格局的一个重要因素。土地整治作为我国国土资源开发利用的战略性举措，对于实现区域发展的各种目标，特别是对于区域经济协调发展具有重要的推动作用。前述对于土地整治促进区域经济协调发展的机理进行了较为详细的阐述，并以山东省为例验证了二者之间的因果关系。但是对于土地整治向区域经济协调发展的传导路径，并未论及。本章将沿着第3章和第4章的逻辑思路，从土地整治的差异化、市场化、空间一体化和生态化四个方面探讨土地整治促进区域经济协调发展的实现路径。

7.1 差异化：结合主体功能区规划，
实施差别化土地整治

我国幅员辽阔，区域土地资源差异较大，土地整治实施的经济环境、人文环境、生态环境各不相同，采取单一的整治模式，不利于发挥区域资源禀赋优势，更不利于国土生态安全和土地的优化利用。因此，需要因地制宜，在充分考虑各地资源环境特点及经济发展水平的同时，结合全国主体功能区战略规划，形成差异化的土地整治格局，促进区域经济的协调发展。

7.1.1 落实区域总体规划，实施区域梯度整治

处在不同发展阶段的区域，其经济社会发展对于土地要素数量及土地利用变化的要求均不同，特别是在城市用地规模的扩张以及产业用地的布局方面，有较大的需求差异。同时，由于各地生态环境承载力不一，土地整治必须兼顾经济与环境的双重任务，在为经济提供增长动力的同时，积极治理和保护生态环境，保证区域经济、环境的协调发展。按照区域发展总体战略布局，结合各地区的经济社会发展进程和生态环境现状，《全国土地整治规划》（2016～2020 年）对我国东北、京津冀鲁、晋豫、苏浙沪、湘鄂皖赣、闽粤琼、西南、青藏、西北地区土地整治的内容做了详细阐释。

具体来说，要求东北地区"以高标准农田建设为主要方向，建设粮食生产基地；对已开垦的林地、草原开展退耕还林还草；资源枯竭型城市要加快工矿废弃地复垦，促进城市转型发展"。要求京津冀鲁地区"大力开展生态良田建设，改造盐碱地和中低产田，加强耕地质量建设，提高土地利用集约度；规范推进城乡建设用地增减挂钩，稳步开展城镇建设用地整理，优化城乡用地结构和布局"。要求晋豫地区"重点加强工矿废弃地复垦、污染防治和采煤沉陷区治理；大力推进农用地整理；积极开展农村居民点整理；开展小流域综合治理和风沙防治综合治理"。要求苏浙沪地区"大力推进城乡建设用地整理，优化用地结构布局，推动美丽宜居乡村建设，率先实现现代化；积极开展农用地整理，加强污染土地的治理改造，合理开展山地综合开发和沿海滩涂开发利用"。要求湘鄂皖赣地区"以农用地整理为主要方向，积极开展生态良田建设；大

规模建设旱涝保收高标准基本农田；因地制宜开展农村居民点和零星闲散地综合整治；积极开展小流域综合治理，防治水土流失；拓展增减挂钩范围，支持革命老区、贫困地区精准扶贫、精准脱贫"。要求闽粤琼地区"积极推进旧城镇、旧厂房、旧村庄等低效用地改造开发；加强珠江三角洲、福建沿海等地区污染土地的治理，合理开展山地综合开发，发展特色林果茶产业，增加农民收入"。要求西南地区"加强生态环境保护和修复，限制对生态环境脆弱地区的土地开发；加大基本农田建设力度，对山地丘陵区不宜退耕的缓坡耕地进行坡改梯；积极复垦损毁土地，改善生态环境"。要求青藏地区"在适宜耕种的地区，重点是西藏'一江两河'和青海省东部等地区开展生态农田建设，加强农田水利和生态设施建设，增强耕地抵御自然灾害的能力；加强草原保护建设，开展围栏封育和退化草原治理。防止过度开发，注重水源地保护"。要求西北地区"加强平原、旱塬和绿洲的耕地和基本农田建设，建设生态良田，大力发展节水灌溉，坚持以水定地，因地制宜适度开发宜耕后备土地，限制对生态环境脆弱地区的土地开发，限制对灌木林地、草原开发。"

7.1.2　适应主体功能区规划，实施差别化土地整治

2011 年 6 月正式发布的全国主体功能区规划是我国第一个国土空间开发规划。它根据我国不同区域的资源环境承载能力、现有开发密度和发展潜力，将国土空间划分为优化开发、重点开发、限制开发和禁止开发四大类，对于缩小地区差距，引导经济布局、人口分布与资源环境承载力相适应，优化土地利用格局等具有重要的促进作用，是推动实现区域经济协调发展的重要依据。土地整治作为我国国土资源开发利用的战略措施，通过整合国土资源、盘活存量用地、优化流量用地，缓解了城镇化进程中的土地供需矛盾，有效保障了国家的粮食和生态安全。主体功能区规划和土

地整治规划是土地管理制度的重要组成部分，二者分别通过规划区域功能布局和改善区域土地利用现状，共同促进区域的协调发展（见图 7 - 1）。

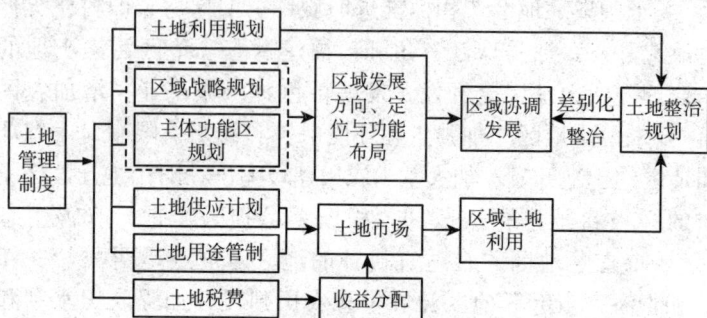

图 7 - 1　土地管理制度体系及区域协调发展的实现路径

应该说，土地整治是主体功能区规划在土地开发利用和生态保护方面的重要实现路径。为了推进主体功能区规划的顺利实施，在土地整治的实施过程中，应与主体功能区规划保持内在的一致性，实施区域差别化整治。

《全国土地整治规划》（2016～2020）对于优化开发的城市化地区、重点开发的城市化地区、农产品主产区以及重点生态功能区土地整治的主要内容及目标进行了详细规定，要求"对城镇空间内的土地，纳入城市整体开发和管理，与中心城区进行整体规划和整治，加强城中村改造开发，鼓励建设新型居住社区；开展城乡接合部土地整治，优化用地结构布局，加强基础设施建设，改善人居环境，促进同城化、实现市民化。对农业空间内的土地，按照方便生产生活的原则，以促进农业现代化为目标，大力推进农用地整理；按照新农村建设的要求，切实搞好乡村规划，合理引导农民住宅相对集中建设，促进自然村落适度撤并，开展旧村庄整理复垦，提高土地利用效率。在生态空间范围内，开展土地整治活动应着重加强土地生态修复和建设，对依法划定的生态保护红线范围内的土地，实行严格保护，确保生态功能不降低、面积不减少、性质不改变；对生态退化严重的区域，可按照自然恢复为主的原则开展土地整治和保护工程，提高退化土地生态系统的自我修复能力，遏制土地生态环境恶化趋势。"

图7-2所示为主体功能区的分类、内容与差别化土地整治之间的关系。由图7-2可知，差别化的土地整治支撑了不同主体功能的实现。具体来说，优化开发区和重点开发区通过城镇工矿用地整治和产业用地结构优化配置，满足了城市化地区扩大生产建设规模以及产业转型升级的用地需求，实现了"提供工业品和服务产品"的功能，使城市化地区可以顺利地向全国的消费品市场提供足够数量的工业品和服务产品。重点开发区通过田、水、路、林、村整治，农产品主产区通过高标准基本农田的建设，大大提高了耕地的数量和质量，从而实现了"提供农产品"的功能，保障了农产品的及时供给，维护了国家的粮食安全。重点生态功能区通过生物修复、景观建设等生态整治手段，建立起生态绿色屏障，保障了国家的生态安全，实现了"提供生态产品"的功能。

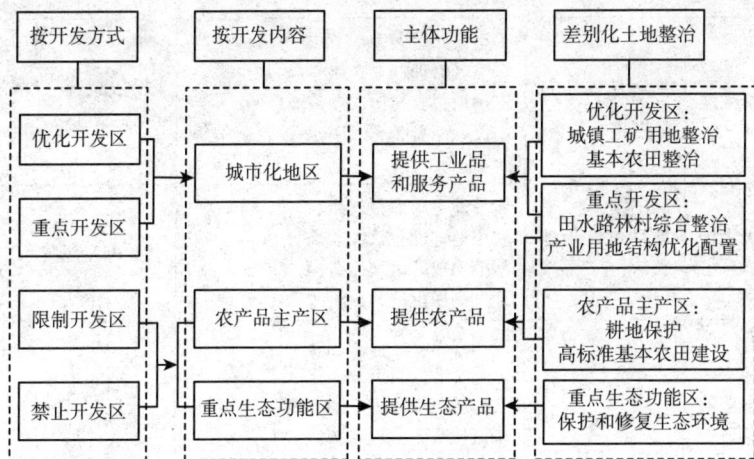

图7-2 主体功能区分类、内容以及与差别化土地整治的关系

　　差别化土地整治是各主体功能区发挥主体功能的重要实现路径，而主体功能区类别为差别化土地整治提供了依据。表 7 - 1 所示为不同土地整治区域及其所属主体功能区类别的对比。由表 7 - 1 可知，不同区域的土地整治内容与该区域的主体功能定位基本一致，不同区域的土地整治方向和所属主体功能区类别相互对应。可见，主体功能区规划不仅为差别化土地整治提供了划分区域的标准，更为其顺利实施奠定了坚实的基础，二者相辅相成，彼此促进，共同推动区域经济的协调发展。

表 7 - 1　　不同土地整治区域及其所属主体功能区类别对比一览

区域	土地整治方向	具体整治目标	该区域所属主体功能区类别
东北地区	耕地（尤其是基本农田）	建设粮食生产基地； 退耕还林还草； 加快工矿废弃地复垦。	限制开发区（农产品主产区）
京津冀鲁区	土地综合整治	建设生态良田； 推进城乡建设用地增减挂钩，开展城镇建设用地整理。	优化开发区域 重点开发区域
晋豫区	土地复垦和农村土地整治	工矿废弃地复垦、污染防治和采煤沉陷区治理； 农用地、农村居民点整理； 小流域综合治理和风沙综合防治综合治理。	限制开发区（农产品主产区）
苏浙沪区	城乡建设用地整治	城乡建设用地整理； 农用地整理； 污染土地的治理改造； 开发利用山地和沿海滩涂。	优化开发区域
湘鄂皖赣区	农用地整治	农用地整理； 大规模建设旱涝保收高标准基本农田； 农村居民点和零星闲置地综合整治； 小流域综合治理，防治水土流失； 支持革命老区、贫困地区精准扶贫、精准脱贫。	重点开发区 限制开发区（农产品主产区）

区域	土地整治方向	具体整治目标	该区域所属 主体功能区类别
闽粤琼区	建设用地整治	"三旧"改造; 治理污染土地; 合理开展山地综合开发; 发展特色林果茶产业。	优化开发区域
西南区	土地生态修复和综合整治	限制生态环境脆弱地区的土地开发; 将农田整治与陡坡退耕还林有机结合; 加强山地丘陵区坡改梯; 复垦损毁土地,改善生态环境。	限制开发区(重点生态功能区)
青藏区	土地生态环境综合整治	部分地区重点开展生态农田建设; 加强草原保护建设; 防止过度开发,注重水源地保护。	限制开发区(重点生态功能区)
西北区	水土综合整治	建设生态农田; 发展节水灌溉; 开发宜耕后备土地资源; 限制对生态环境脆弱地区的土地开发,限制对灌木林地、草原开发。	限制开发区(重点生态功能区)

注:"三旧"指旧城镇、旧村庄、旧工矿。

资料来源:本表中区域、土地整治方向和具体整治目标三栏的内容源自《全国土地整治规划(2016~2020年)》,"该区域所属主体功能区类别"一栏的内容源自《全国主体功能区规划》。

7.2　市场化:增减挂钩指标跨区域市场化配置

土地整治通常是以项目的形式开展,从前期整治规划的设计一直到项目最终验收完成,其整个过程是封闭且独立的。从这个角度看,单个土地整治项目只不过是在一个狭窄的地域范围内所进行的工程项目。如果说它对于区域经济的发展有什么影响的话,也只能是对于整治项目区以及周围不远范围内区域经济的促进作用。但是，土地整治与城乡建设用地增减挂钩结合以后，其意义就完全不同了。本节将主要分析土地整治通过建设用地增减挂钩指标的跨地区市场化配置实现区域经济协调发展的过程。

7.2.1　增减挂钩指标的跨地区流转

通过城乡建设用地增减挂钩政策，农村将废弃、闲置的建设用地复垦成为耕地之后，可以为城市建新区提供用地指标，完成城市中相应的建设计划。指标用于城市建设后，城市将获得的土地增值收益返还给农村，用于改善农民生活条件和农村的发展，从而解决了"农村发展缺钱，城市发展缺地"的问题。之所以土地整治与增减挂钩结合后会产生这一转变，究其本质，是因为土地整治与城乡建设用地增减挂钩的结合促进了资金和土地开发建设指标在城乡之间的流动。① 我国自 2000 年提出建设用地指标置换政策②以来，各地积极践行，加快了城市化进程和新农村建设的步伐，促进了城乡统筹发展。但是，除了有利于城乡发展之外，土地整治与建设用地增减挂钩的结合还可以应用于区域之间，促进区域经济的协调发展（具体作用机理已在前文第四章第二节中阐述清楚）。但是，目前我国只允许将拆旧区和建新区设定在试点市、县辖区范围内，③也就是说，只允许指标在市或者县内流转。这在很大程度上限制了资金和土地开发建设权在更大的区域之间流动，阻碍了区域经济的

---

① 土地具有不可流动的性质，但是，在城乡建设用地增减挂钩的政策背景下，土地要素转变成了一个虚拟的指标，获得这一指标的主体有权对土地进行开发建设。当然，这一指标在市场环境中也可以进行流通和交易。

② 2000 年 12 月 27 日，国土资源部发布《关于加强耕地保护　促进经济发展若干政策的通知》，提出实行建设用地指标置换政策。

③ 2008 年 6 月 27 日，国土资源部印发《城乡建设用地增减挂钩试点管理办法》。该办法规定项目区应在试点市、县行政辖区内设置，且必须经国土资源部批准。

协调发展。只有放开政策，逐步推进挂钩指标在省域甚至全国范围内流转，才能充分发挥不同地区的比较优势，使土地资源较为充沛的欠发达地区获得经济发展亟须的资金，为该地区的经济起飞提供动力，从而逐步缩小与发达地区的经济差距，促进区域经济的协调发展。

图7-3 所示即为土地整治与城乡建设用地增减挂钩后，通过指标在发达和欠发达地区之间流动，促进区域经济协调发展的实现过程。具体来说，在发达地区缺少建设用地指标，而欠发达地区有可复垦为耕地的建设用地的情况下，欠发达地区将建设用地指标流转给发达地区，使拆旧区与建新区挂钩，实现了资金和用地指标在两个区域之间的流动，解决了发达地区缺地、欠发达地区缺钱的问题，从而带动了欠发达地区的经济发展水平，促进了区域经济的协调发展。

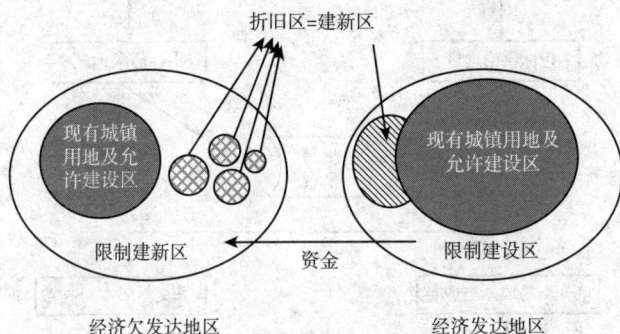

图7-3 建设用地指标跨区域流动的实现过程

注：本图采用了杨永磊（2012）博士学位论文《城乡建设用地增减挂钩机制研究》第34页城乡建设用地增减挂钩（挂钩实施前后）示意图的构图思想。

7.2.2 增减挂钩指标的市场化配置

此外，建设用地增减挂钩的工作目前仍以行政配置的方式为主，相比于市场化配置来说，政府主导下的增减挂钩工作太过僵化，不利于指标供需双方的信息交换和对接。因此，需要构建增减挂钩指标跨区域的市场交易机制，加快资金、指标在区域之间快速流动，提高挂钩指标的使用效率。在自由、平等的市场交易机制下，指标的供需双方会在较短时间内迅速匹配，满足二者对于资金和指标的迫切需求，为区域经济的发展注入活力。

在实践中，许多省市都对指标的交易模式进行了有益的探索，如"地票"制度、耕地异地代保等，但是仍然缺乏合理的运行机制和统一、规范的交易平台。本书认为，挂钩指标跨区域市场交易的实现应按照"供求双方对接→确定指标交易价格→资金收支入库→收益分配、指标落地使用"的步骤进行（如图 7 - 4 所示）。

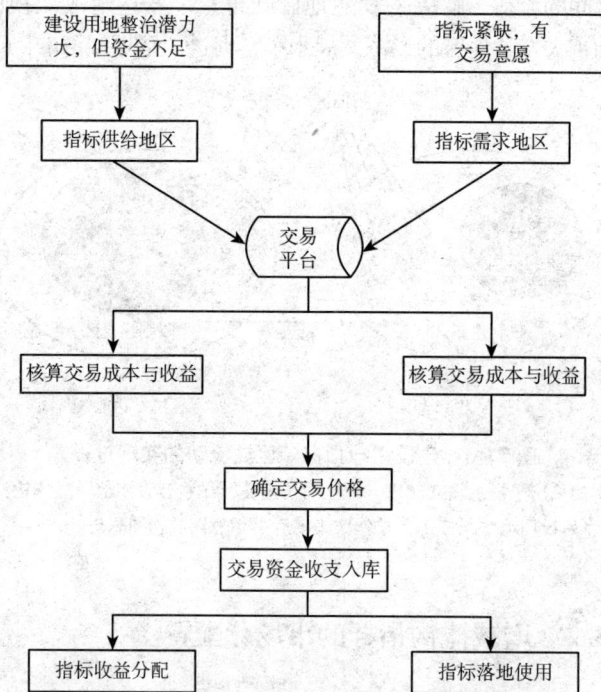

图 7 - 4 挂钩指标跨区域市场交易实现路径

注：本图参考了王婷（2012）博士学位论文《城乡建设用地增减挂钩制度创新研究》第 74 页挂钩指标交易机制的基本思路。

建设用地整治潜力大，但是缺少整治资金的指标供给地区与指标紧缺且有支付能力的指标需求地区向指标交易平台提交供需申请，双方在核算各自的交易成本与收益后确定交易价格，并通过交易平台公布的价格信息进行供需双方两两匹配。匹配成功后，双方将资金收支纳入挂钩资金专用库中，供给方进入指标收益分配程序，需求方按照相关政策规定，将指标在本地区内使用。

从以上分析可知，增减挂钩指标的跨区域市场化配置是区域经济协调发展的重要实现路径。通过交易资金和建设用地指标在发达地区与欠发达地区之间的流动，解决了它们在发展中遇到的问题，特别是为欠发达地区的经济发展提供了资金支持，大大加快了其经济增长的速度，起到了缩小地区差距、提升区域整体竞争力的作用。

7.3　空间一体化：欠发达地区产业承接地非均衡布局

本书第 5 章对土地整治促进产业转移的机理进行了分析，可知，在产业转移的整个过程中，土地整治促进了转出地的产业转型升级，解决了转入地在承接产业的过程中所遇到的产业落地空间有限以及生态环境污染等诸多问题，从而提高了产业转移的效率，加快了区域经济协调发展的进程。但是，土地整治如何才能发挥其对于空间格局的影响，使中西部地区形成最佳的产业承接布局，真正实现"土地整治→产业转移→区域经济协调发展"的过程呢？这就是本节将要探讨的土地整治促进区域经济协调发展的第三条实现路径，即通过一体化的土地整治策略，实现欠发达地区产业承接地的非均衡布局。下文主要从宏观和微观两个层面对此路径做进一步的解释。

7.3.1　宏观层面的产业承接地点轴布局模式

理论上，产业结构布局模式主要有三种，分别是增长极布局模式、点轴布局模式和网络布局模式。其中，增长极布局模式以增长极理论为基础，强调产业的集聚对于周围地区的辐射作用；点轴布局模式是增长极布局模式的延伸，通过产业在增长极（点）与轴线（轴）上的有机配置，形成点轴分布格局；网络布局模式是点轴布局模式的延伸，是由"节点""域面"和"网络"三大要素组合而成的网络式开发布局模式，适用于产业布局框架已经形成、点轴系统比较完善、城市密集度高且经济较为发达的地区。可见，对于经济发展较为落后，产业体系尚未形成的中西部地区来说，实施产业的点轴布局模式有利于产业体系的搭建和产业结构的形成，是该地区顺利实现产业承接的最佳选择。

产业承接地点轴布局模式的本质是区域的非均衡发展，即在区域内部先构建经济增长极，促成区域经济的壮大，随后，通过增长极辐射作用的发挥，带动落后地区的经济发展。我国在改革开放初期至20世纪末实施的东部地区优先发展战略，实现了中国经济的起飞，同时也证实了区域非均衡发展战略在我国的适用性。因此，实施产业的点轴非均衡布局模式可增强中西部地区的经济发展活力，促进东部产业向中西部地区的有效转移，实现区域经济的协调发展。

在采取点轴模式进行产业用地的重组开发时，土地整治可从三个方面发挥作用。第一，整合现有产业用地，使关联性较大的企业向经济发展水平较高、基础设施比较完善的城市集中，在空间上集聚成点，形成经济增长极，发挥对周围地区的辐射带动作用。第二，通过整合城市临界区域零碎、分散、闲置的土地，扩大基础设施的建设规模，使不同等级的城市之间建立密切的经济联系，搭建起具有明显等级特征的区域经济发展轴线，为产业聚集地提供配套设施、交通运输等服务。第三，通过调整土地利用结构，实现产业布局与线状经济发展轴线之间的最佳空间组合，促进生产要素在不同产业聚集地之间的自由流动，降低企业生产成本，提高区域产业的整体竞争力。可见，土地整治有利于解决中西部地区在产业承接过程中遇到的最关键问题——产业空间布局的问题。通过对现有产业用地、城市用地进行整理、归并等，构建起完整的产业点轴空间布局体系，促进产业的顺利承接以及之后的产业转型升级，为中西部的经济起飞打下坚实的基础。

7.3.2　微观层面的产业园区布局模式

产业园区是区域经济发展、产业结构调整的重要空间聚集形式，它能有效地创造聚集力，并通过共享资源、克服外部负效应，带动关联产业的发展，从而推动产业集群的形成。在现有产业的基础上，建设具有一定规模的产业园区是中西部地区承接东部产业转移的最佳路径选择。

土地整治对于中西部地区产业园区布局模式的形成具有以下五个方面的作用。第一，整理铁路、公路等交通干线两侧的土地，尽量使产业园区特别是工业园区建设在交通干线周围，提高园区运作效率，对于已建好的园区，修建通向园区的铁路、公路支线和供水供电、通信设备等基础设施，促进经济发展带的形成。第二，通过对分散、闲置、废弃的土地进行整理、复垦，增加产业园区的建设规模，吸引更多的关联企业入驻，从而充分发挥产业集聚所带来的外部规模效应。第三，提高产业园区土地的节约集约利用程度，增加园区有效用地面积，提高用地效率。第四，通过调整区域产业用地结构，促进产业的区域分工和新型产业基地的形成，帮助高新技术企业快速成长。第五，治理和改善园区环境，增加绿地、休闲娱乐场地的用地比例，提高企业员工的工作积极性，促进劳动生产率的提高。

总而言之，土地整治的空间一体化策略，就是从区域全局入手，发挥土地整治对区域产业结构的优化作用，建设形成等级清晰、错落有致、布局紧凑的点轴空间形态以及若干结构合理的产业园区，促进产业的顺利承接，加快中西部地区的经济发展速度，推动区域经济的协调发展。

7.4 生态化：土地生态化整治与生态补偿机制的构建

土地整治的生态保护功能是土地整治的基本功效之一，国土整治的生态补偿机制是拓宽土地整治资金来源、维护生态安全、协调区际利益关系的重要保障。为了实现区域经济协调发展过程中对于保护资源环境的要求，必须实施土地的生态化整治，构建生态补偿机制，从技术和政策两个层面促进区域"经济—环境"系统的和谐稳定，充分发挥生态环境系统对于区域经济发展的支撑作用，确保区域经济的协调、可持续发展。怎样实现土地的生态化整治？如何构建生态补偿机制？下面两部分内容会分别给出答案。

7.4.1 土地生态化整治

在发达国家，由于土地整治经历了几十年的发展过程，在生态保护方面已经形成了较为成熟的技术支撑体系。我国的土地整治由于起步较晚，且前期主要以农地整理、废弃地复垦等为主，在生态保护和景观建设等方面相对落后。因此，在区域经济协调发展的目标下，土地整治必须走生态化整治的道路，促进经济建设活动与自然生态系统的协同进化。[①] 土地生态化整治主要包括：宏观层面通

---

① 傅伯杰，陈利顶，马克明，等. 景观生态学原理及应用 [M]. 科学出版社，2011.

过整治规划创建生态板块和生态网络体系；中观层面落实整治规划，保护生物与景观多样性，优化整治项目的空间布局；微观层面，在土地整理、复垦、开发的过程中，有意识地加强对斑块、廊道的设计，维持景观生态功能。

1. 宏观层面：生态板块与生态网络体系的构建

土地的生态化整治在宏观层面主要表现在国家和各省在制定整治规划及相关战略措施时，充分考虑自然生态环境，在不损害生态平衡的前提下，进行相关的建设活动。国际上尤其是欧盟地区在这方面有比较成功的经验。20 世纪 90 年代，欧盟提出对于生物和景观多样性实施跨地域的保护战略。[1] 这一战略在欧盟各国制定土地整治以及区域发展总体规划等方面具有重要的引导作用，从宏观层面保障了土地整治过程中的生态安全。[2] 其具体要求是：建设大规模的绿色植被、自然生态保护区等生态板块，搭建板块与板块之间的生态廊道，形成健康有序的生态网络。在土地整治的过程中，尽量减少对于动植物生长环境和现有景观的影响，增强生态环境的自我修复功能，促进区域生态的和谐、稳定。

我国在生态保护方面也一直进行着积极的探索和实践。1994年实施了《中国生物多样性保护行动计划》，倡导全社会共同保护生物资源；[3] 2007 年提出主体功能区规划，以此确定全国土地整治的重点区域和重大工程布局，并引导土地整治过程中对于生态网络的建设，促进生态格局的完整性和有序性，从而将生态环境的保护提升到了国家战略层面；在《全国土地整治规划》（2016～2020年）中，改善生态环境成为土地整治的主要任务之一。可见，我

---

① Mucher：C A, Hennekens SM, Bunee R, et al. Mapping European habitats to support the design and implementation of aPan-European Ecological Network：the PEENHAB project ［R］. Alterra, Wageningen, 2004.

② European Commissiion. The EU Rural Development Policy 2007 – 2013 ［R］. Luxembourg：Office for Official Publications of the European Communities, 2006.

③ 王军. 土地整治呼唤景观生态建设 ［J］. 中国土地科学, 2011 (6)：15 – 19.

国越来越重视对于生态环境的治理和保护，强调土地整治的生态功能，为区域土地生态化整治提供了政策依据。今后，必须继续从宏观层面进行生态保护的政策引导，形成完整的规划体系，指导各地的土地整治实践，充分保障我国的生态安全，加强生态文明建设，促进全国区域经济的协调发展。

2. 中观层面：优化土地整治项目空间布局

中观层面的土地生态化整治，是指市、县政府根据宏观政策对生态网络体系建设的要求，在土地整治项目实施前对项目的空间布局进行整体优化。其具体实现过程包括三个方面：第一，对整治地区进行细致的测度和勘察，划出包含有重要生物和景观的片区，如果该片区范围较大或比较连续，则将其保留，从而降低对生物结构的影响和生态景观的破坏；第二，在已有生态景观的基础上，引入适宜生长并且与整治区域匹配度较高的新植被，增加景观类型，增强整治区的生态功能；第三，充分利用土地整治在调整土地利用结构、优化土地利用格局方面的优势，重组不合理的生物、景观架构，形成兼具生态与观赏价值的整治项目布局。

目前，我国已陆续启动了近20个市、县级土地整治规划编制试点，要求在规划的编制过程中，根据地方生态环境特点，在充分保留当地景观特色及生物多样性的基础上，优化土地整治项目的空间布局，实现生产效率提升、自然景观和谐、人文特色凸显的多层次目标，创建经济、环境互相融合、共同发展的局面。

3. 微观层面：增强地块的生态功能

土地的生态化整治在微观层面表现为：在对项目区或者田块的具体施工过程中，通过工程技术手段，加强其生态服务功能。具体来说，土地整治的主要任务是对地块进行整理、复垦和开发，增加耕地面积、提高土地的节约集约利用程度。但是，这些工作的完成必须以维护该区域的生态平衡为前提，实现土地的生态化整治。土地生态化整治的主要原则是尽量减少对农用地及其他生态功能性用地的占用，维持整治区域的生态原貌。对于那些生态失衡的地区，应在提高土地生产力的同时，采取生物修复、建设景观生态用地等技术手段，恢复该地区生态功能，改善区域生态环境。整治过程中有许多因素对生态环境有直接的影响作用，例如农田斑块的大小、沟渠的选择以及道路的设置等。对于这些要素，应根据生态环境的需要，科学安排，保障生态系统的平稳运行。

近年来，我国逐渐开始探索生态保护技术在土地整治项目中的应用，如在贵州荔波和关岭土地整治项目中，通过建设生态岛屿、设置人工鸟巢恢复水渠、鱼塘的生态系统；通过种植绿肥、使用有机肥料提高土壤的生命力；利用本地生长的植物解决生态失衡的问题等。[①] 这些立足于保持生态环境的整治方法和技术手段，不仅提高了当地的农业生产效率，还极大地改善了自然生态环境，使土地整治达到了一箭双雕的效果。

综上所述，通过宏观上制定战略规划、中观上优化项目布局、微观上修复地块生态功能，形成环环相扣、层层递进的生态化整治运行体系，保障了土地生态化整治的顺利实施，保护了生物和景观的多样性，维持了生态环境平衡，为区域经济可持续发展创造了良好的生态基础。

7.4.2　构建土地整治生态补偿机制

生态补偿是指国家向破坏生态环境的资源开发利用主体收取费用，向保护生态环境且付出一定成本的主体加以补偿的一项制度。生态补偿的主要目的是鼓励生态保护区对生态环境进行治理和维护，控制资源开发利用地区对资源的过度开采和对环境的破坏，并通过经济利益的合理分配，维持区域之间的利益平衡。土地整治生态补偿机制是指在土地整治的过程中，受益于土地资源开发利用或

---

① 王军，李正，白中科，等. 喀斯特地区土地整理景观生态规划与设计：以贵州荔波土地整理项目为例 [J]. 地理科学进展，2011 (7)：906 –911.

者在整治过程中对环境造成破坏的利益主体给予保护土地资源且付出成本的利益主体一定的补偿费用，或者由国家直接提供补偿的一项制度安排。

土地整治与生态补偿的目标和任务虽然有所区别，但二者的根本目的都是保障国家的生态安全，促进区域经济、环境协调发展。因此，将土地整治与生态补偿相结合，构建合理的土地整治生态补偿机制，有利于使保护土地资源、维护生态安全的主体得到合理的补偿，从而鼓励土地的生态化整治，形成以生态保护为导向的土地整治格局。

土地整治生态补偿的主体包括土地整治过程中的受益方和受损方、国家（或地方政府）、国土管理部门等。土地整治生态补偿的形式主要有以下三种：第一，当土地整治主体破坏了生态环境且使他人利益受到损害时，应按照"谁污染，谁补偿"的原则，由破坏生态环境的主体进行相应补偿；第二，当土地整治主体（利益受损方）付出一定的成本进行环境的保护和治理且使另一方主体受益时，应按照"谁受益，谁补偿"的原则，由受益方对受损方进行补偿；第三，当某一土地整治主体主动治理和保护生态环境且付出一定的成本，为保障区域生态安全做出了一定的贡献时，由国家或地方政府对其进行补偿。[①]

除了补偿主体的确认之外，补偿标准的确立也是整个生态补偿过程中的关键环节。但是，由于生态环境的改善所带来的直接经济利益很难衡量，加上利益主体有时会出现交叉现象，[②] 使得土地整治生态补偿的标准在实际操作中很难确定。梁海燕（2008）认为应由国家统一制定补偿标准，各级地方政府在原则指导下制定本地标准。当遇到区际之间的生态补偿问题时，由利益相关的区域协商

[①] 《环境保护法》中规定"地方政府应对本辖区的环境质量负责"，因此相关的环境治理费用应由地方政府来承担。

[②] "利益主体交叉"指利益受损方同时也是利益获益方。

解决。① 本书认为，为了使土地整治生态补偿过程更加规范、有序，应建立专门的土地整治生态补偿管理中心，负责补偿标准的制定以及相关利益冲突的协调，使补偿机制更加完善，从而更好地服务于区域土地的生态化整治。

7.5　本章小结

本章沿着第3章和第4章的逻辑思路，从土地整治的差异化、市场化、空间一体化和生态化四个方面探讨土地整治促进区域经济协调发展的实现路径。

"差异化"即在不同地区开展土地整治的过程中因地制宜，充分考虑各地资源环境特点及经济发展水平；同时，结合全国主体功能区战略规划，形成差异化的土地整治格局，促进区域经济的协调发展。

"市场化"有两层含义：一是推进挂钩指标在省域甚至全国范围内流转，充分发挥不同地区的比较优势，使土地资源较为充沛的欠发达地区获得经济发展亟须的资金，为该地区的经济起飞提供动力，从而逐步缩小与发达地区的经济差距；二是构建增减挂钩指标跨区域的市场交易机制，加快资金、指标在区域之间快速流动，提高挂钩指标的使用效率。

"空间一体化"是通过一体化的土地整治策略，实现欠发达地区产业承接地的非均衡布局。在宏观层面，土地整治的作用主要是促进产业在空间上的聚集、搭建具有明显等级特征的区域经济发展轴线以及调整土地利用结构，促进生产要素在不同产业聚集地之间的自由流动。在微观层面，土地整治可有效提高用地效率，从而促

---

① 梁海燕. 构建我国国土整治生态补偿制度的法律思考 [J]. 牡丹江教育学院学报，2008（2）：1-9.

进产业园区的形成，推动落后地区的产业承接。

　　"生态化"即实施土地的生态化整治，构建生态补偿机制，从技术和政策两个层面促进区域"经济—环境"系统的和谐稳定，充分发挥生态环境系统对于区域经济发展的支撑作用，从而确保区域经济的协调、可持续发展。

第 8 章

总结与展望

8.1 研究总结

总结全书，本研究在核心概念界定、模型构建、模型改进、区域经济协调度的测度等方面取得了一定的进展。

（1）在核心概念界定方面，基于国内学者对"区域经济协调发展"一词的现有解释，全面分析、综合考虑，提出了本书对这一概念的定义，即"在区域整体资源环境承载力的约束条件下，地区之间经济相互关联、相互依存、共同发展，各地区经济持续增长且区域差距逐渐缩小的过程。"

（2）构建了包括土地、资本和劳动在内的三要素经济增长模型，并将土地集约利用水平纳入模型当中。通过推演分析，得出了土地整治对于防止有效人均产出减少、维持总产出持续稳定增长具有重要作用的结论。

（3）在探讨土地整治与城乡建设用地增减挂钩结合促进要素流动、缩小地区差距时，借助了传统的存量—流量模型。这一模型的假设是土地同质、无差别。但在实际中，有些土地可以马上投入使用并获得较高收益，而有些却处于废弃状态或者产出较低，因此，本书将存量土地划分为高效存量土地和低效存量土地，将流量土地划分为高效流量土地和低效流量土地。此外，考虑到土地市场的区域差别，本书进一步将土地市场划分为经济发达地区的土地市场和经济欠发达地区的土地市场，针对不同市场进行均衡分析，有助于准确判断在不同的区域经济条件下土地市场的不同表现。这一改进使土地市场供求关系的研究更加符合现实情况，同时也为理论分析找到了突破口。

（4）在已有研究的基础上，结合本书对区域经济协调发展的内涵界定，构建了"区域经济协调度"的评价指标体系。该指标体系不仅融入了 GDP、人均 GDP 等测量区域差距的基本指标，更纳入了评价区域经济联系密切程度的 Moran's I 指数和评价经济环境协调程度的经济环境协调度，从而更加全面地反映区域经济协调发展的各个层面。

在实证研究方面，本书基于山东省实际数据，测算了山东省及东部、中部、西部地区的区域经济协调度，对山东省土地整治规模与区域经济协调度进行了格兰杰因果检验，并在此基础上构建了二者的双对数回归模型。现将主要结论总结如下。

（1）山东全省以及东部、中部、西部地区的区域经济协调度在 2015 年之前逐年提高，之后略有下降；生态环境不断改善，经济与环境的协调程度上升明显；区际经济协调程度一直处于波动状态，上升趋势不明显。

（2）山东全省以及东部和中部地区所开展的土地整治促进了区域经济的协调发展，但在西部地区，这一促进作用表现不明显。

（3）由山东全省及东部和中部的双对数回归结果可知，土地整治规模增加1%，将促进山东全省的区域经济协调度相应提高0.17%、东部地区的区域经济协调度相应提高0.13%、中部地区的区域经济协调度相应提高6.81%。

由于本人知识和能力的局限以及部分数据资料搜集的不完善和不可得，使本书有许多不足之处，主要体现在以下三点。第一，量化评价不够全面，使土地整治促进区域经济协调发展的具体作用机理无法得到全面、具体的验证。例如，土地整治从多大程度上促进了区域经济增长，对区域差距的缩小有多少贡献等。第二，区域经济协调度的设置偏简单化，如果扩大指标体系的层次、增加评价指标的种类和数量，或能使实证结果与实际情况更加贴合。第三，实证研究样本只限于山东省，地域特征比较明显，对全国以及其他省份的借鉴作用有限。未来，会将本研究继续完善和深入，使内容更加全面、细致。

8.2　展　　望

虽然土地整治是一项以增加有效耕地数量、提高土地集约利用水平为目标的工程技术类项目，其直接作用对象也仅是项目区范围内的一片土地，但是，当土地整治的对象从农用地拓展到建设用地，从农村延伸到城市时，其作用就不仅仅是保障粮食安全那么单一了。在土地资源日益紧缺、区域和城乡矛盾不断凸显的今天，土地整治对于区域经济的发展正发挥着越来越重要的作用。

目前，学者们大多关注土地整治对于增加耕地、改善农业生产条件等方面的作用，较少研究其区域经济效益。而地方政府在进行土地整治项目的规划和验收时也很少站在区域经济发展的角度综合考虑，使土地整治的开展缺少了空间性和全局性。这一点，笔者在进行实地调研时深有体会。在搜集土地整治项目的验收结果时，笔者发现，每一个整治项目的验收清单上都设有"土地整治的经济效益"一栏，但是鲜有填写。可见，土地整治对区域经济的影响已长期被忽视。所以，从区域经济发展的角度研究土地整治的作用和效果在理论和实践层面都十分必要。笔者也相信，对于土地整治是否、如何、怎样促进区域经济发展势必成为一个新的研究领域。具体来说，有以下几个方面值得在今后深入研究。

（1）如何将土地整治与城乡统一建设用地市场的建设相结合。

土地整治与区域经济协调发展：促进机制及路径

十八届三中全会提出了建立城乡统一的建设用地市场，这给城乡建设用地的整治带来了新的机遇和挑战。既然是城乡建设用地的市场化，那么以供给和需求为切入点的均衡分析就必不可少。笔者认为，土地市场存量—流量模型是研究这一问题的有力工具。本书在这一方面进行了初步探索，未来可从模型的推演、运用等方面进行更加深入的研究，为建设用地的整治和城乡统一建设用地市场的建立提供理论参考。

（2）在全国、省域、市域、县域等各种区域范围内评估土地整治对于区域经济发展的效用。这既包括方法上的探索，也包含实证上的研究。本书提供了评估土地整治促进区域经济协调发展的方法，未来可在此基础上，完善指标体系，提高其科学性和系统性。同时，可将实证研究的范围拓展至全国、市域、县域等多个层面，为各级政府的土地整治规划提供政策依据。此外，区域经济发展的研究范畴有很多，除了区域经济协调发展之外，还有区域可持续、城镇化、城乡一体化等等，可深入探索土地整治对于区域发展不同研究领域的作用，拓展和深化区域经济理论。

（3）紧密结合现实，增强对实际问题的研究力度。在目前土地整治项目的开展过程中，出现了许多与区域经济发展的目标背道而驰的现象。如何解决地方官员盲目、过度地复垦农村建设用地，以此换取房地产、开发区、新城等的开发空间，从中谋求更多级差收益的问题？如何将非理性的土地整治方式向更加科学的方向引导？这些现实问题如果不积极面对和解决，将会大大阻碍我国区域经济的发展进程。因此，未来应在这些方面着重进行研究。

总之，区域经济发展呼吁更加理性、规范的土地整治，为此，需要更加全面地进行相关的理论研究和实践探索，引导土地整治活动积极转变思路，创新模式，发挥优势，弥补不足，使其真正成为区域经济发展的助推器。

参 考 文 献

[1] ［英］埃比尼泽·霍华德．（译者：金经元）．明日的田园城市．北京：商务印书馆．2000.

[2] 安树伟．"十二五"时期的中国区域经济［M］．北京：经济科学出版社，2011.

[3] 安拴霞，田毅．黄土丘陵土石山区土地综合整治分区研究［J］．中国人口·资源与环境，2018（12）．

[4] 鲍海君．土地整理与耕地保护［J］．中国地质大学学报（社会科学版），2007（6）．

[5] 蔡思复．我国区域经济协调发展的科学界定及其运作［J］．中南财经大学学报，1997（3）．

[6] 曹帅，金晓斌，杨绪红，项晓敏，徐翠兰，隋雪艳，刘敏，周寅康．农用地整治对耕地细碎化影响的多维评价：方法与实证［J］．中国农业大学学报，2019（8）．

[7] 陈百明．土地生态化整治与景观设计［J］．中国土地科学，2011（6）．

[8] 陈桂玲，赵巍．邹平县农村建设用地减少与城镇建设用地增加挂钩调研报告［J］．山东国土资源，2008（2）．

[9] 陈江龙，曲福田，陈雯．农地非农化效率的空间差异及其对土地利用政策调整的启示［J］．管理世界，2004（8）．

[10] 陈小明等．土地整理项目在新农村建设中的作用：以篙县田湖镇为例［J］，河北农业科学，2009（1）．

[11] 陈秀山，张可云．区域经济学［M］．北京：商务印书馆，2003.

［12］陈秀山. 区域经济协调发展要建立区域互动机制［J］. 党政干部学刊, 2006（1）.

［13］陈茵茵. 区域可持续土地利用评价研究［D］. 南京农业大学博士学位论文, 2008.

［14］崔云. 中国经济增长中土地资源的"尾效"分析［J］. 经济理论与经济管理. 2007（11）.

［15］［美］戴维·罗默. 高级宏观经济学（第三版）王根蓓译［M］. 上海：上海财经大学出版社, 2009.

［16］邓华, 信桂新, 杨朝现. 土地整治的差别化探索：以重庆市为例［J］. 西南师范大学学报（自然科学版）, 2019（1）.

［17］范恒山. 我国促进区域协调发展的理论与实践［J］. 经济社会体制比较, 2011（6）.

［18］冯玉广, 王华东. 区域 PRED 系统协调发展的定量描述［J］. 环境科学学报, 1997（4）.

［19］付桂军, 齐义军. "资源诅咒"国内研究述评［J］. 生产力研究. 2012（12）.

［20］傅伯杰, 陈利顶, 马克明. 景观生态学原理及应用［M］. 北京：科学出版社, 2011.

［21］高奇. 生态文明形势下的土地整治初探［J］. 江苏农业科学, 2013（41）.

［22］谷树忠, 胡咏君, 周洪. 生态文明建设的科学内涵与基本路径［J］. 资源科学, 2013（1）.

［23］谷晓坤, 代兵, 陈百明. 土地整理投资区域差异、原因及建议［J］. 中国土地科学, 2007（5）.

［24］郭丽英. 我国农村土地整治与乡村生态发展探讨［C］. 2013 全国土地资源开发利用与生态文明建设学术研讨会论文集, 2013.

［25］韩瑞玲. 经济与环境发展研究进展与述评［J］. 中国人口·资源与环境, 2012（2）.

［26］韩润仙，陈建设．现阶段我国农村土地整理开展的动因、模式及运作程序浅析［J］．国土经济，2000（3）．

［27］侯景新，尹一红．区域经济学分析方法［M］．北京：商务印书馆，2004．

［28］胡鞍钢，王绍光．政府与市场［M］．北京：中国计划出版社，2000．

［29］胡传景．建立出让建设用地增减挂钩指标制度的初步构想［J］．中国房地产，2009（6）．

［30］黄贤金，赵小风．论我国土地整理融资体系创新［J］，资源与产业，2008（5）．

［31］贾文涛．统一概念为土地整治保驾护航［J］．中国土地，2012（8）．

［32］姜爱林，姜志德．论土地整理的科学界定［J］．地域研究与开发，1998（1）．

［33］姜子青，曲财亭等，区域经济协调发展的理论探索［J］．环境保护，1992（1）．

［34］蒋清海．区域经济协调发展的若干理论问题［J］．财经问题研究，1995（6）．

［35］［美］库兹涅茨．经济增长：事实与思考．诺贝尔经济学奖金获得者演讲集［M］．北京：中国社会科学出版社，1986．

［36］雷鸣，杨昌明，王丹丹．我国经济增长中能源尾效约束的计量分析［J］．能源技术与管理．2007（5）．

［37］李华，龚健．生态文明背景下的土地整治思考［J］．中国土地．2018（11）．

［38］李建智．土地整理理论基础与政策取向的探究［J］．南方国土资源，2003（8）．

［39］李磊，张换兆，朱彤．土地"尾效"、泡沫与日本经济增长［J］．日本研究．2008（3）．

［40］李敏，赵小敏，李薇．土地整理中的土地权属调整：以

山东省阳信县为例 [J]，江西农业大学学报（社会科学版），2004（2）.

[41] 李旺君，吕昌河．我国城乡建设用地增减挂钩透视 [J]．中国农业资源与区划，2013（3）.

[42] 李旺君，王雷．城乡建设用地增减挂钩的利弊分析 [J]．国土资源情报，2009（4）.

[43] 李效顺，曲福田，郧文聚．中国建设用地增量时空配置分析：基于耕地资源损失计量反演下的考察 [J]．中国农村经济，2009（4）.

[44] 李兴江，陈开军，张学鹏．中国区域经济差距与协调发展：理论·实证与政策 [M]．北京：中国社会科学出版社，2010.

[45] 梁海燕．构建我国国土整治生态补偿制度的法律思考 [J]．牡丹江教育学院学报，2008（2）.

[46] 廖蓉，杜官印．荷兰土地整理对我国土地整理发展的启示 [J]．中国国土资源经济，2004（9）.

[47] 廖重斌．环境与经济协调发展的定量评判及其分类体系：以珠江三角洲城市群为例 [J]．热带地理，1999（19）.

[48] 刘晶妹，张玉萍．我国农村土地整理运作模式研究 [J]．中国土地科学，1999（6）.

[49] 刘军芳．土地开发整理与粮食安全的关系探析 [J]，山西农业科学，2008（9）.

[50] 刘留辉，邢世和，李蔓，王玉印．浅析我国土地整理产业化的内涵和发展模式及发展方向 [J]．江西农业学报，2008（8）.

[51] 刘荣华．鱼游稻花间：浙江省青田县龙现村"稻田养鱼"土地整治模式探讨 [J]．中国土地，2012（6）.

[52] 刘耀彬，陈斐．中国城市化进程中的资源消耗"尾效"分析 [J]．中国工业经济，2007（11）.

[53] 刘耀彬，杨新梅，周瑞辉，段玉芳，姚成胜．中部地区

经济增长中的水土资源"增长尾效"对比研究 [J]. 资源科学, 2011 (9).

[54] 罗浩. 自然资源与经济增长：资源瓶颈及其解决途径 [J]. 经济研究, 2007 (6).

[55] 罗明, 龙华楼. "土地整理理论"初探 [J]. 地理与地理信息科学, 2003 (6).

[56] 罗为群, 蒋忠诚, 邓艳, 覃小群. 岩溶峰丛洼地石山区土地整理模式研究 [J], 广西科学院学报, 2005 (2).

[57] [英] 马尔萨斯. 人口原理 [M]. 北京：商务印书馆, 1992.

[58] 毛振强, 左玉强. 土地投入对中国二三产业发展贡献的定量研究 [J]. 中国土地科学, 2007 (3).

[59] 穆勒. 政治经济学原理 [M]. 上海：商务印书馆, 1983.

[60] 彭荣生. 区域经济协调发展的内涵、机制与评价研究 [D]. 河南大学博士毕业论文, 2007.

[61] 齐梅等, 农村土地整理综合效益评价：以山东省章丘市为例 [J], 西南农业大学学报（社会科学版）, 2008 (3).

[62] 曲福田. 典型国家和地区土地整理的经验及启示 [J]. 资源与人居环境, 2007 (20).

[63] 沈体雁, 冯等山, 孙铁山. 空间计量经济学 [M]. 北京：北京大学出版社, 2010.

[64] 孙久文, 胡安俊, 陈林. 中西部承接产业转移的现状、问题与策略 [J]. 甘肃社会科学, 2012 (3).

[65] 覃成林. 区域经济协调发展：概念辨析、判断标准与评价方法 [J]. 经济体制改革, 2011 (4).

[66] 覃成林. 我国区域经济协调发展的趋势及特征分析 [J]. 经济地理, 2013 (1).

[67] 覃成林. 中国区域经济增长分异与趋同 [M]. 北京：

科学出版社，2008.

[68] 谭少军，邵景安．基于生态适宜性评价的西南丘陵区土地整治工程布局研究 [J]．地理研究，2018 (4).

[69] 田扬戈．论区域经济协调发展 [J]．党政干部论坛，2000 (2).

[70] 涂建军，周艳．主体功能区人口、经济耦合协调关系研究：以四川省重点开发区为例 [J]．广西大学学报（自然科学版），2013 (4).

[71] 汪文雄，刘志强．不同类型农户对农地整治权属调整认知差异及其成因 [J]．资源科学，2019 (7).

[72] 王长征，刘毅．经济与环境协调研究综述 [J]．中国人口·资源与环境，2002 (3).

[73] 王德起．城市化进程中土地增值机制的理论探析 [J]．城市发展研究，2010 (4).

[74] 王德起．城市群发展中产业用地结构优化研究：一个机制框架 [J]．城市发展研究，2013 (5).

[75] 王德起．土地资产管理论 [M]．首都经济贸易大学出版社，2009.

[76] 王家庭．中国区域经济增长中的土地资源尾效研究 [J]．经济地理，2010 (12).

[77] 王军，李正，白中科等．喀斯特地区土地整理景观生态规划与设计：以贵州荔波土地整理项目为例 [J]．地理科学进展，2011 (7).

[78] 王军，土地整治呼唤景观生态建设 [J]．中国土地科学，2011 (6).

[79] 王万茂，张颖．土地整理与可持续发展 [J]，中国人口．资源与环境，2004 (1).

[80] [英] 威廉·配第．赋税论 [A]．配第经济著作选集 [M]．商务印书馆，1981.

[81] [德] 韦伯. 工业区位论 [M]. 北京: 商务印书馆, 1997.

[82] 魏洪斌, 罗明, 鞠正山, 王军, 吴克宁. 中国土地整治"十二五"研究重点评述与"十三五"研究展望 [J]. 水土保持研究, 2017 (2).

[83] 魏后凯. 区域经济发展的新格局 [M]. 昆明: 云南人民出版社, 1995.

[84] 吴传钧. 论地理学的研究核心: 人地关系地域系统 [J]. 经济地理, 1991 (3).

[85] 吴义茂. 建设用地挂钩指标交易的困境与规划建设用地流转: 以重庆"地票"交易为例 [J]. 中国土地科学, 2010 (9).

[86] 武京涛, 涂建军, 阎晓等. 中国城市土地利用效益与城市化耦合机制研究 [J]. 城市发展研究, 2011 (8).

[87] [美] 西奥多·W. 舒尔茨. 报酬递增的源泉 [M]. 北京: 北京大学出版社, 2011.

[88] 夏南新. 单位根的 DF、ADF 与 PP 检验比较研究 [J]. 数量经济技术经济研究, 2005 (9).

[89] 项锦雯. 产业转移与土地集约利用耦合机理及协调发展研究: 以皖江示范区为例 [J]. 农业经济问题, 2012 (6).

[90] 谢书玲, 王铮, 薛俊波. 中国经济发展中水土资源的"增长尾效"分析 [J]. 管理世界. 2005 (7).

[91] 信桂新, 杨朝现, 魏朝富, 陈荣蓉. 人地协调的土地整治模式与实践 [J]. 农业工程学报, 2015 (19).

[92] 徐建春. 联邦德国乡村土地整理的特点及启示 [J]. 中国农村经济, 2001 (6).

[93] 徐康宁, 王剑. 自然资源丰裕程度与经济发展水平关系的研究 [J]. 经济研究. 2006 (1).

[94] 杨杨, 吴次芳, 罗罡辉, 韦仕川. 中国水土资源对经济的"增长阻尼"研究 [J]. 经济地理. 2007 (4).

［95］杨杨，吴次芳，韦仕川，郑娟尔．土地资源对中国经济的"增长阻尼"研究：基于改进的二级 CES 生产函数［J］．中国土地科学．2010（5）．

［96］游德才．国内外对经济环境协调发展研究进展：文献综述［J］．上海经济研究，2008（6）．

［97］于光远．土地的定义［J］．中国土地科学，1994（5）．

［98］余江，叶林．经济增长中的资源约束和技术进步：一个基于新古典经济增长模型的分析［J］．中国人口．资源与环境，2006（5）．

［99］［德］约翰·冯·杜能．孤立国同农业和国民经济的关系［M］，吴衡康译，北京：商务印书馆，1986．

［100］郧宛琪，朱道林，汤怀志．中国土地整治战略重塑与创新［J］．农业工程学报，2016（4）．

［101］郧文聚，杨晓燕，石英．土地整理概念的科学界定［J］．资源与产业，2008（5）．

［102］曾珍香，顾培亮．可持续发展的系统分析与评价［M］．北京：科学出版社，2000．

［103］张贵祥．首都跨界水源地：经济与生态协调发展模式与机理［M］．北京：中国经济出版社，2011．

［104］张军，吴桂英，张吉鹏．中国省际物质资本存量估算：1952－2000［J］．经济研究．2004（10）．

［105］张可云．生态文明趋向的区域经济协调发展新内涵［J］．广东行政学院学报，2012（24）．

［106］张强，彭文英．从聚集到扩散，新时期北京城乡区域发展格局研究［M］．北京：经济科学出版社，2012．

［107］张强．城乡一体化是解决"三农"问题的根本途径［J］．前线，2013（2）．

［108］张薰华．土地与环境［J］．中国土地科学，1995（4）．

［109］张颖．经济增长中土地利用结构研究［D］．南京农业

大学, 2005.

[110] 张宇, 欧名豪. 该怎么挂钩: 对城镇建设用地增加与农村建设用地减少相挂钩政策的思考 [J]. 中国土地, 2006 (3).

[111] 张志元, 董彦岭, 刘清春等. 山东区域经济协调发展存在的主要问题与对策研究 [J]. 经济与管理评论, 2012 (5).

[112] 郑秋月, 姜广辉, 张瑞娟. 基于乡村地域功能导向的土地整治分区: 以北京市平谷区为例 [J]. 中国农业资源与区划, 2018 (11).

[113] 周晨. 环境库兹涅茨曲线不适合中国国情 [J]. 吉林建筑工程学院学报, 2010 (3).

[114] 周霞. 城市群工业地价与产业结构高级化的互动机理研究 [D]. 北京: 首都经贸大学, 2013.

[115] 祝尔娟. 京津冀产业发展升级研究: 重化工业和战略性新兴产业现状、趋势与升级 [M]. 北京: 中国经济出版社, 2010.

[116] 庄亚明. 区域经济协调发展的 GAH-S 评价体系研究 [J]. 中国工业经济, 2008 (6).

[117] [英] 马歇尔. 经济学原理 [M]. 朱志泰译. 北京: 商务印书馆, 1996.

[118] Albert Otto Hirschman. The Strategy of Economic [M]. Yale University Press, 1958.

[119] Andes, Alberto F. , Edward L. Glaeser. Trade and Circuses: Explaining Urban Giants [J]. Quarterly Journal of Economics, 1995.

[120] Authur O's Sullivan, Urban Economics (8th Revised edition) [M]. New York: McGraw Hill Higher Education, 2011.

[121] Barbier E. B. Endogenous Growth and Natural Resource Scarcity [J]. Environmental and Resource Economics, 1999 (14).

[122] Barro, R and Sala-I-Martin, X. Convergence [J]. Jour-

[123] Baumol, W. Productivity Growth. Convergence and Welfare: What the Long-Run Show [J]. American Economic Review, 1986 (76).

[124] Beckerman, W. Economist, Scientist and Environmental Catastrophe, Oxford Economic Papers, 1972.

[125] Brian R. Copeland and M. Scott Taylor. Trade and the Environment. Princeton University Press, Princeton and Oxford, 2003.

[126] Cole, H. S. D. , Freeman, C. , Jahoda, M. Thinking about the Future: A Critique of the Limits to Growth, London: Chatto and Windus, 1973.

[127] Dasgupta Partha. Heal Geoffrey M. Economic Theory and Exhaustible Resources. Cambridge, U. K: Cambridge University Press, 1979.

[128] Deibert E. J. Utter R A. Earthworm (Lumbricidae) Survey of North Dakota Fields Placed in the U. S. Conservation Program [J]. Soil and Water Conservation. 2003 (1).

[129] Engle, Robert F, G ranger C W J. Co-integration and Error Correction: Representation, Estimation and Testing [J]. Econometrica, 1987 (55).

[130] European Commissiion. The EU Rural Development Policy 2007 - 2013 [R]. Luxembourg: Office for Official Publications of the European Communities, 2006.

[131] Friedmann, J. A General Theory of Polarized Development, inN. M. Hansen, ed. , Growth Centers in Regional Economic Development, [M]. New York: Free Press, 1972.

[132] Grossman, G M. & Krueger, A B: Environmental Impacts of a North American Free Trade Agreement of Economic Research Working Paper 3914. NBER [C]. Cambridge MA. , 1991.

[133] Harrod RF. Towards a Dynamic Economics: Some Recent

Developments of Economic Theory and Their Applications to Policy [M]. London: Macmillan, 1948.

[134] Jiang Guanghui, WangXinpan, YunWenju, ZhangRuijuan. A New System will Lead to an Optimal Path of Land Consolidation Spatial Management in China [J]. Land Use Policy, 2015.

[135] John Whalley, Ximing Yue. Rural Income Volatility and Inequality in China [J]. National Bureau of Economic Research, 2006 (55).

[136] Kaldor, N. The Case for Regional Policies [J]. Scottish Journal of Political Economy, 1970 (18).

[137] Krugman, Geography and Trade [J]. Cambridge, MA: MIT Press, 1991.

[138] Krugman, P. What's New about the New Economic Geography? [J]. Oxford Review of Economic Policy, 1997 (2).

[139] Lucas, R. E., Jr. On the Mechanics of Economic Development [J]. Journal of Monetary Economics, 1988 (1).

[140] Malthus, TR. An Essay on the Principle of Population, as It Affects the Future Improvement of Society [M]. London: J. Johnson, 1978.

[141] Man Li. The Effect of Land Use Regulations on Farmland Protection and Non-agricultural Land Conversions in China [J]. Australian Journal of Agricultural and Resource Economics, 2019 (7).

[142] Martin, W., Mitra, D. Productivity Growth and Convergence in Agriculture and Manufacturing [J]. Economic Development and Cultural Change, 2001 (2).

[143] Matin R, Sunley P. Paul Krugman's Geographical Economics and Its Implications for Regional Development Theory: a Critical Assessment [J]. Economic Geography, 1996 (72).

[144] Matsuyama, K. Complementarities and Cumulative Process

in Models of Monopolistic Competition ［J］. Journal of Economic Literature, 1995 (33).

［145］ Meadows, D. H. et al. The Limits to Growth ［M］. Universe Books: New York, 1972.

［146］ Mucher C A, Hennekens SM, Bunee R, etal. Mapping European Habitats to Suppor the Design and Implementation of a Pan-European Ecological Network: the Peenhab Project ［R］. Alterra, Wageningen, 2004.

［147］ Murphy. K. , A. Shleifer and R. Vishny. Industrialization and the Big Push ［J］. Journal of Political Economy, 1989 (97).

［148］ Myrdal G. Economic Theory and Under-Developed Regions ［M］. London: Methuen &Co Ltd, 1957.

［149］ Ngai, L. Rachel. Barriers and the Transition to Modern Growth. . Centre for Economic Performance, London School of Economics and Political Science, London, UK. 2003.

［150］ Nordhaus William D, Stavins Robert N, Weitzman Martin L, Lethal Model 2: The Limits to Growth Revisited, Brookings Papers on Economic Activity, 1992 (2).

［151］ Nurkse, R. Problem of Capital Formation in Underdevelopment Countries, 1962 Edition, NewYork: Oxford University Press, 1953.

［152］ Romer David. Advanced Macroeconomics, Second Edition. Shanghai University of Finance & Economics Press, The MeGraw-Hill Companies, 2001.

［153］ Romer, P. M. Increasing Returns and Long-run Growth ［J］. Quarterly Journal of Political Economy, 1986 (5).

［154］ Rosenstein-Rodan, Paul N. Problems of Industrialization of Eastern and South-Eastern Europe ［J］. Economic Journal, 1943 (53).

［155］Sidzabda Djibril Dayamba, Houria Djoudi, Mathurin Zida, Louis Sawadogo, Louis Verchot. Biodiversity and Carbon Stocks in

Different Land Use Types in the Sudanian Zone of Burkina.

[156] Solow, R. M. A Contribution to the Theory of Economic Growth [J]. Quarterly Journal of Economics, 1956 (70).

[157] Solow, R. M. Intergenerational Equity and Exhaustible Resource [J]. Review of Economic Studies, 1974 (41).

[158] T Panayotou. Environmental Degradation at Different Stages of Economic Development [M]. Livehoods in the Third WorldLondon: Macmillan Press, 1995.

[159] William A. Brock, M. Scott Taylor. The Green Solow Model [J]. Journal of Economic Growth, 2010 (2).

[160] Williamson, J. G. , Regional Inequality and the Process of National Development: A Description of the Patterns [J]. Economic Development and Cultural Change, 1965 (13).